ALTES ÄGYPTEN
DEUTSCHE GESCHICHTE
DIE BIBEL FÜR KINDER
WELTRETTEN LEICHT GEMACHT

4 IN 1 SAMMELBAND

Kompaktes Allgemeinwissen für Kinder

Alle Ratschläge in diesem Buch wurden sorgfältig erwogen und geprüft. Eine Garantie kann dennoch nicht übernommen werden. Eine Haftung des Autors beziehungsweise des Verlags für jegliche Personen-, Sach- und Vermögensschäden ist daher ausgeschlossen.

Alle Rechte, insbesondere das Recht der Vervielfältigung und Verbreitung der Übersetzung, vorbehalten. Kein Teil des Werkes darf in irgendeiner Form (durch Fotokopie, Mikrofilm oder ein anderes Verfahren) ohne schriftliche Genehmigung des Verlages reproduziert oder unter Verwendung elektronischer Systeme gespeichert, verarbeitet, vervielfältigt oder verbreitet werden.

INHALT

Das alte Ägypten Geschichte für Kinder — 1

Vorwort — 2

Die Geschichte des alten Ägyptens — 4
- *Wann und wo war das „alte Ägypten"? 4*
- *Altes, mittleres und neues Reich: Wie veränderte sich Ägypten im Lauf der Zeit? 5*
- *Der Nil als Lebensader 8*

Leben im alten Ägypten: Landwirtschaft und Gesellschaft — 10
- *Die Arbeit auf den Feldern 10*
- *Der ägyptische Kalender 11*
- *Welche Berufe hatten die alten Ägypter? 12*

Alltag — 18
- *Das Familienleben 18*
- *Schule wie heute? 19*
- *Das Haus der Familie 21*
- *Die Küche der Ägypter 22*
- *Kleidung und Frisuren 23*
- *Welche Feste feierten die Ägypter? 24*
- *Machten die Ägypter Sport? 25*
- *Wie gesund waren die Ägypter? 26*
- *Zauber oder Heilkunst? 28*
- *Die Schrift der alten Ägypter 29*

Götter und Totenkult — 32
- *Welche Götter hatten die Ägypter? 32*
- *Der Mythos des Totengerichts 35*
- *Mumien und wie man sie „herstellte" 36*

Das Geheimnis der Pyramiden   37

Warum ging das Reich unter?   40

Woher weiß man heute so viel über das alte Ägypten?   42

Deutsche Geschichte kinderleicht erklärt   44

Das erwartet dich in diesem Buch   45

Ur- und Frühgeschichte   47

Urgeschichte   47
Frühgeschichte   48

Die Germanen – wilde Barbaren?   50

Das Mittelalter: Von Bauern, Rittern und Königen   55

Die Neuzeit   63

Die frühe Neuzeit   63
Die „späte" Neuzeit   68
Die Urkatastrophe   75
Die Welt in Brand   79
Aufbruch   82
Die Bundesrepublik   83
Wiedervereinigung und Gegenwart   86

Bibelgeschichten für Kinder und Jugendliche   89

1. Das erwartet Sie in diesem Buch   90

2. Entstehung und Aufbau der Bibel   92

2.1. Das „Alte Testament"   93
2.2. Das „Neue Testament"   94

3. Auch für die Großen: Die Kinderbibel — 96

4. Warum mein Kind im Glauben erziehen? — 98

5. Die Bedeutung der Feiertage — 100
- 5.1. Weihnachten — 100
- 5.2. Ostern — 102
- 5.3. Pfingsten — 106
- 5.4. Was feiert man noch so? — 106

6. Bibeltexte leicht erzählt — 109
- 6.1. „Die Segnung der Kinder" – Kinderevangelium — 109
- 6.2. „Die Zehn Gebote" – Und Gott redete alle diese Worte — 111
- 6.3. „Auf der Hochzeit" – Wasser zu Wein — 113
- 6.4. „Jesus hilft" — 114
- 6.5. „Die Frage nach dem ewigen Leben – Der barmherzige Samariter" — 117
- 6.6. „Josef und seine Brüder" — 119
- 6.7. „Vom verlorenen Groschen" – Ein Gleichnis — 123

7. Zu guter Letzt — 125
- 7.1. Ist alles so passiert, wie es in der Bibel steht? — 125
- 7.2. Wer war Jesus? — 126
- 7.3. Die Reisen des Apostels Paulus — 129
- 7.4. Warum beten? — 132
- 7.5. Psalmen — 133

Das kleine Weltretten 1x1 — 135

Das erwartet Sie in diesem Buch — 136

Unsere Welt heute — 137

Das Ökosystem Erde — 139

Das Klima wandelt sich   140
Erderwärmung   141
Versauerung der Meere   144

Entwicklung der Landwirtschaft   147
Fragmentierung der Landschaft   148
Viehzucht   149
Überdüngung   150
Pestizideinsatz   151

Klima & Energie   154
Unbegrenzte Energie   155

Artenrückgang – das sechste große Artensterben   160
Die Rolle von invasiven Arten   162
Insektensterben – wenn die Kleinsten verschwinden   164
Der Rückgang der Vögel   168
Das aktuelle Problem Feldhamster   169

Verschmutzung – was tun mit unserem Müll?   172
Plastikmüll   173
Problem Mikroplastik   174
The Ocean Cleanup   175

Zukunftsstrategien und Projekte   178
Das Klima   178
Landwirtschaft   180
Energie   181
Ökosysteme   182

Es ist noch nicht zu spät   184

Das alte Ägypten
Geschichte für Kinder

Das Leben der alten Ägypter, Ihre Götter, Pharaonen und Pyramiden kindgerecht und unterhaltsam entdecken

Peer Galenski

Vorwort

Wisst ihr eigentlich, wie Pyramiden aussehen und wo sie zu finden sind? Diese Frage kannst du sicherlich schon beantworten: Na klar, dass sind diese großen, dreieckigen Bauten in der Wüste von Ägypten! Vermutlich hast du auch schon davon gehört, dass sie tausende von Jahren alt sind, man dort mit etwas Glück noch immer eine Mumie finden kann und die Pyramiden heutzutage jedes Jahr von Touristen besucht werden.
Ganz bestimmt kennst du auch Kleopatra. Sie war die wohl schönste und berühmteste Königin Ägyptens. Alle Männer sollen in sie verliebt gewesen sein. Sogar Cäsar! Falls du die Filme mit Asterix und Obelix gesehen hast, kennst du auch die Bilder von Kleopatras Schönheitsritualen, bei denen sie luxuriöse Bäder in Becken gefüllt mit Eselsmilch nahm.
Auch die Hieroglyphen werden dir nicht unbekannt sein. Die Ägypter waren das Volk, das diese geheimnisvoll und magisch aussehenden Schriftzeichen erfand. Nach dem Untergang des alten Ägyptens waren sie vergessen worden. Jahrhundertelang war niemand anderes in der Lage, sie zu entziffern.

Natürlich ist das nicht alles: Das alte Ägypten war eine der größten und mächtigsten Kulturen der Antike. Kein Wunder, dass noch heute viele Menschen von dieser Zeit fasziniert sind. Wir wollen uns auf eine Reise durch diese vergangene Welt begeben und Antworten auf viele Rätsel finden!

Wer waren die alten Ägypter? Wie sah ihr Alltag aus? Wie lebten ihre Könige? Und warum haben ihre Götter auf den Bildern die Köpfe von Tieren? Komm mit in die geheimnisvolle Vergangenheit und werde selbst zum Entdecker!

Die Geschichte des alten Ägyptens

WANN UND WO WAR DAS „ALTE ÄGYPTEN"?

Das Land Ägypten gibt es auch heute noch. Die Geschichte dieses Landes reicht sehr weit in die Vergangenheit zurück, viel weiter, als du dir vielleicht vorstellen kannst, denn sie umfasst insgesamt mehr als 3.000 Jahre. Das ist ein langer Zeitraum, weshalb Historiker die Geschichte in verschiedene Epochen unterteilt haben.

Als eine Epoche bezeichnet man einen Zeitabschnitt, mit dem es den Menschen leichter fällt, sich in der Geschichte zu orientieren. Die Epoche, die das „alte Ägypten" beschreibt, beginnt ungefähr 3.100 v. Chr. und endet 30 v. Chr. In dieser Zeit wurde Ägypten von den Pharaonen regiert.

Natürlich lebten auch davor schon Menschen in Ägypten. Forscher konnten mit Funden und Ausgrabungen beweisen, dass es schon vor ungefähr 5.500 Jahren Menschen gab, die am Nil sesshaft wurden. Über Jahrhunderte waren sie ohne feste Häuser herumgezogen und suchten immer wieder nach Gebieten, die nicht jedes Jahr vom Nil überschwemmt wurden. Schließlich fanden sie Land, wo sie Ackerbau betreiben könnten, Vieh züchteten und feste Häuser bauten. Diese Hütten wurden aus Lehm errichtet und über die Jahre entstanden Dörfer, Städte und schließlich sogar ganze Königreiche. Das alte Ägypten war geboren.

Wobei das auch nicht ganz stimmt. Eigentlich müsste man sagen: Zwei ägyptische Reiche waren geboren, denn zunächst gab es das Königreich Oberägypten und das Königreich Unterägypten. Wer König in Oberägypten war, also im Niltal, trug die "weiße Krone" und der König Unterägyptens, das sich im Nildelta befand, die "rote Krone". König Menes, der König von Oberägypten war, vereinigte 3.000 v. Chr. die beiden Reiche. Nun gab es nur noch einen Pharao, der das ganze Land regierte. Er trug eine Doppelkrone, die die Herrschaftssymbole von Ober- und Unterägypten vereinte, und Pschent genannt wird.

Allerdings streiten sich Historiker bis heute über die genauen Ereignisse, die zur Einigung führten. Es gibt schon Unklarheiten über den Namen des ersten Königs. In manchen Überresten, die Forscher gefunden haben, taucht der Name König Narmer auf. Auf der sogenannten Narmer-Palette sieht man König Narmer, wie er die Doppelkrone trägt. Vermutlich ist er jedoch identisch mit König Menes. Also lass dich nicht verunsichern, wenn die Namen und genauen Jahreszahlen in anderen Büchern etwas anders sind.

ALTES, MITTLERES UND NEUES REICH: WIE VERÄNDERTE SICH ÄGYPTEN IM LAUF DER ZEIT?

Da das alte ägyptische Reich selbst über mehrere Jahrhunderte existierte, unterteilen Historiker auch diese Zeit noch einmal in verschiedene Epochen. Jede Phase zeigt gewisse Besonderheiten, sodass man sie von den anderen abgrenzen kann. Es gibt immer Forscher, die die genauen Grenzen etwas anders ziehen. So genau kann man das auch gar nicht, da Umbrüche immer langsam und über mehrere Jahrzehnte stattfinden. Es kann also gut sein, dass du unterschiedliche Jahreszahlen findest. Trotzdem hat man sich auch die folgenden Zeitalter im alten Ägypten geeinigt:

Das alte Reich

Das alte Reich beginnt ungefähr um 3 000 v. Chr., als die Könige der dritten Dynastie die Macht ergriffen. Ein anderer Name für das alte Reich ist das „Pyramidenzeitalter". Hier begann man nämlich erst mit dem Bau der Pyramiden. Zuvor hatte es diese Bauten, die für uns eine der wichtigsten Besonderheiten Ägyptens sind, noch gar nicht gegeben.

In dieser Epoche florierte das Land. Die Ernten waren gut, Ägypten erarbeite sich den Wohlstand, der einem größten Teil der Bevölkerung ein gutes Leben ermöglichte, und es wurde viel gehandelt. Unter diesen Bedingungen konnte sich auch die Kultur entwickeln. Die Kunst und Wissenschaft entfalteten sich und prägten die ägyptische Kultur. Insgesamt dauerte die Zeit des „alten Reiches" über 500 Jahre.

Das mittlere Reich

Nach dieser Epoche folgte das sogenannte „mittlere Reich". In dieser Phase ist vor allem bemerkenswert, dass sich das Land und der ägyptische Kulturraum immer weiter nach Süden ausgedehnt haben. Regiert wurde Ägypten in dieser Periode von den Pharaonen der 11., 12. und der 13. Dynastie. Um 2000 v. Chr. kam mit Amenemhet I. der erste Pharao der 12. Dynastie an die Macht, die eine der berühmtesten und größten der ganzen ägyptischen Geschichte werden sollte.

Auch in dieser Zeit war Ägypten sehr reich. Da es im Inneren des Landes wenig Probleme gab, konnte sich Amenemhet I. auf seine Außenpolitik konzentrieren und Kriege führen. Er eroberte Korosko und brachte einen großen Teil Nubiens unter seine Herrschaft. Er führte aber nicht nur Krieg, sondern pflegte auch friedliche Kontakte mit anderen Völkern, um Ägyptens Einfluss zu steigern. Mit den Phöniziern knüpfte er wichtige Handelsbeziehungen.

Das neue Reich

Nach einer kurzen, aber dunklen „Zwischenepoche", in der verschiedene Völker in Ägypten einfielen und mehrere Landstriche verwüsteten, folgte eine neue Blütezeit mit dem „neuen Reich". Diese Zeit umfasst ungefähr die Zeit von 1550 bis 1070 v. Chr.
Diese Epoche ist sehr bekannt, weil Ägypten damals von einigen der bekanntesten Pharaonen beherrscht wurde. Wir lernen später noch mehr über die Herrscher mit den klangvollen Namen der Königin Hatschepsut, der Königsgattin Nofretete oder den Pharaonen Tutenchamun und Ramses II. Das waren die Pharaonen der 18., 19. und der 20. Dynastie.

In dieser Zeit entstanden viele der bedeutendsten Bauwerke. Außerdem wurde Ägypten schon wieder größer. Die Pharaonen schafften es, ihren Einflussbereich bis weit über die alten Grenzen hinaus auszudehnen.

Die „Spätzeit"

Ihr merkt, dass die Dynastien eine gute Hilfe sind, um die Epochen zu unterteilen. Den größten Einschnitt gibt es nun in der „Spätzeit".

Von da an waren nämlich nicht mehr Ägypter, sondern nur noch fremde Herrscher auf dem Pharaonenthron und regierten das Land unter einer Fremdherrschaft. Verschiedene Völker eroberten das Land. Zunächst waren es die Assyrer, die das Land im Krieg eroberten und den König stellten. Danach zogen die Perser in Ägypten ein und machten es zu einem Teil ihres großen Reiches. Ägypten war nun nicht mehr eigenständig, sondern für viele Jahre Teil des sogenannten persischen Reiches. Erst 332 v. Chr. konnten die Perser wieder aus Ägypten vertrieben werden.

Das schafften sie jedoch nicht allein. Der Mann, der die Perser vertrieb, ist dir mit Sicherheit nicht unbekannt. Es war Alexander der Große. Und da dieser selbst den Plan verfolgte, ein großes Weltreich zu erschaffen, wurde Ägypten nun wieder von einem fremden Herrscher regiert und Teil des Alexander-Reiches.

Die Ägypter freuten sich zunächst, dass sie von der Herrschaft der Perser befreit worden waren. Und unter Alexander folgten einige glückliche Jahre für das Land. Alexander gründete auch die Stadt Alexandria, die ein bedeutendes Zentrum der damaligen Welt werden sollte. Als Alexander starb und sein ehemaliger General Ptolemaios 323 v. Chr. die Herrschaft übernahm, entwickelte Alexandria sich zu einem wichtigen Zentrum der Kultur und der Künste. Die Bibliothek, die zu den sieben Weltwundern der Antike zählt, beherbergte einen unglaublichen Wissensschatz mit unzähligen Büchern und Schriften. Leider wurde sie später zerstört. Was für eine Schande! Wenn sie nicht zerstört worden wäre, würden wir heute bestimmt noch viel mehr über die Antike wissen.

DER NIL ALS LEBENSADER

Wenn man an den afrikanischen Kontinent denkt, denkt man oft an Hitze und Sand. Dieses Bild zeigt sich auch, wenn man mit dem

Flugzeug über Nordafrika fliegt: Wüste, wohin man auch sieht. Doch wenn man über Ägypten fliegt, ändert sich dieses Bild plötzlich: Auf einmal taucht ein grüner Streifen Land auf, der an der Nordküste beginnt und sich Richtung Süden durch das ganze Land schlängelt. Inmitten des ganzen Grüns entdeckt man eine weitere Farbe: Tiefblau.

Du hast bestimmt schon erraten, dass es sich um den Nil handelt. Er bringt genug Wasser in das Landesinnere, damit um ihn herum statt Wüste ein fruchtbarer Landesabschnitt entsteht, an dem sich die ersten Ägypter angesiedelt haben.

Die Bedeutung des Nils für die Entwicklung des alten Ägyptens kann gar nicht genug betont werden. Es wäre nicht gelogen zu behaupten, dass es ohne den Nil keine Pyramiden, Pharaonen, Hieroglyphen und ägyptische Städte gegeben hätte. Der Nil, der der längste Fluss der Welt ist, ist wortwörtlich die Lebensader Ägyptens.

Weil über 90 % des Landes von Wüste bedeckt sind, entstanden die Siedlungen Ägyptens ausschließlich am Nil und einigen Oasen. Zum einen gab es dort genug Wasser, zum anderen sorgten die jährlichen Überschwemmungen des Flusses dafür, dass das Land von dunklem Schlamm bedeckt wurde, der sehr fruchtbar war und es den Ägyptern ermöglichte, genug Getreide anzubauen. Die Menschen arbeiteten also dort, trafen sich, um sich auszutauschen, wuschen ihre Wäsche in seinem Wasser und verehrten ihn sogar.

In den nächsten Kapiteln wirst du immer wieder bemerken, dass der Nil eine bedeutende Rolle für alle verschiedenen Bereiche im Leben eines Ägypters hatte. Und sogar der Name des Landes hängt mit dem Nil zusammen. Ägypten wurde damals „Kemet" genannt. Das bedeutet „Schwarzes Land" und hängt mit dem dunklen Nilschlamm zusammen.

Leben im alten Ägypten: Landwirtschaft und Gesellschaft

DIE ARBEIT AUF DEN FELDERN

Diese Flut bestimmte den Rhythmus des ganzen Landes. Beginn eines Jahres war die große Flut. Diese dauerte fast vier Monate lang an. Sobald sich das Wasser zurückzog und der Schlamm den Boden bedeckte, begannen die Bauern mit ihrer Arbeit. Verschiedene Getreidesorten wie Gerste und Emmer wurden ausgesät und die Felder bestellt.

Nun kam auch das Vieh zum Einsatz. Alle Nutztiere der Ägypter wurden auf die Felder getrieben, wo sie die Saat in den Boden eintraten. Es tummelten sich Rinder und Esel, aber auch kleinere Tiere wie Schweine auf den Äckern. Und nur wenige Wochen später konnte eine reiche Ernte eingefahren werden.

Auf alten Zeichnungen der Ägypter sieht man oft, wie die Männer mit Sicheln auf den Feldern arbeiten, um die Ernte einzufahren. Das Getreide wurde in großen Körben gesammelt. Diese waren so schwer, dass sie von zwei Männern zusammen mit einem Stock getragen werden mussten. Nachdem die Spreu von den Körnern getrennt worden war, wurde die Ernte in riesigen Kornspeichern gelagert, die extra dafür gebaut worden waren.

Mit dem Getreide konnte genug Brot für alle Ägypter gebacken werden und die Gerste, die zum Bier-Brauen benutzt wurde, war ein weiterer wichtiger Ertrag. Beides zusammen stellte die Grundnahrungsmittel dar und der Getreideanbau war ihr größter Reichtum.

Nach einiger Zeit schafften es die Ägypter, den Nil noch besser zu nutzen und bauten komplizierte Bewässerungssysteme, mit denen sie das Nilwasser sogar noch weiterleiten und besser kontrollieren konnten. Es wurden Kanäle gegraben, die das Land durchzogen und Wasser zu unfruchtbaren Feldern brachten. Die Ägypter waren sehr klug und erfanden verschiedene Schöpfgeräte, die ihnen dabei halfen, Wasser in Eimer zu füllen. Noch heute benutzen einfache Bauern in Ägypten Geräte, die diesen sehr ähnlich sind.

DER ÄGYPTISCHE KALENDER

Zeit hatte für die alten Ägypter eine andere Bedeutung als für uns moderne Menschen. Kein Wunder also, dass auch ihr Kalender ganz anders funktionierte. Zu Hilfe kamen ihnen bei der Erfindung ihres Kalenders vor allem zwei Dinge: Zum einen ihre ausgezeichnete Beobachtungsgabe, zum anderen der Mond.

Der Mondkalender

Ganz zu Beginn der altägyptischen Dynastien orientierten sich die Menschen vor allem an dem Mond. Sie zählten die Tage von einem Vollmond zum nächsten, was immer 29 bis 30 Tage ergab. Somit hatten sie einen Monat eingeteilt; also fast wie heute. Ganz richtig war der Kalender allerdings nicht, da ihr Jahr nach dieser Rechnung nicht

365 Tage dauerte, sondern nur 360. Aber auch dafür hatten die Ägypter eine Lösung. Sie zählten einfach zur Mitte des Jahres fünf weitere Tage dazu und schon hatten sie die richtige Zahl an Tagen für ein Jahr. Ganz schön clever!

Das Sonnenjahr

Das war aber nicht der einzige Kalender. Die Ägypter richteten sich außerdem nach dem Sonnenjahr und den verschiedenen Jahreszeiten. Und eine regelmäßige Beobachtungshilfe boten die jährlichen Überschwemmungen des Nils. Der Fluss war also auch noch wichtig für die Zeitrechnung der Ägypter und es entstand eine weitere Variante des Kalenders.

Da die Nilüberschwemmungen in drei Phasen unterteilt werden konnten, wurden darauf die drei ägyptischen Jahreszeiten. Die erste hieß Achet, was „Überschwemmung" bedeutete. Darauf folgte Peret, was sich mit „Herauskommen" übersetzten lässt. Damit meinte man die Ernte, die zu wachsen begann. Am Ende des Jahres folgte Schemu, die „Hitze". Ein typisches ägyptisches Datum war zum Beispiel „9. Tag des 4. Monats der Hitzezeit". Bei diesem Kalender wurden die fünf zusätzlichen Tage nicht in die Mitte, sondern an das Ende des Jahres angehängt. Somit war auch dieser Kalender wieder richtig.

WELCHE BERUFE HATTEN DIE ALTEN ÄGYPTER?

Eine Hochkultur und seine Gesellschaft

Zusammengefasst kann man festhalten, dass die Ägypter dank des Nils Wohlstand entwickelt hatten. Um sich auf die Überschwemmungen vorzubereiten, erfanden sie einen Kalender und organisierten sich. Daraus bildete sich eine feste Ordnung, wie die Gesellschaft aufgebaut war und wer herrschte. Um das alles noch besser zu organisieren, entwickelten sie eine Schrift. All diese Merkmale führen dazu, dass man das alte Ägypten als eine Hochkultur bezeichnet.

Um sich den Aufbau der Gesellschaft besser vorzustellen, haben Wissenschaftler eine Gesellschaftspyramide entworfen. Je höher ein Beruf gestellt war, desto weiter oben befindet er sich in dieser Pyramide. In diesem Kapitel lernen wir die verschiedenen Gruppen und ihre Aufgaben kennen.

Berufe und Aufgaben

Die Bauern:
Eine große Anzahl der ägyptischen Bevölkerung waren die Bauern. Sie arbeiteten das ganze Jahr über hart und mussten ihre Steuern in Form von Naturalien abgeben. Das Getreide, das sie als Steuer bezahlten, wurde in riesige Getreidespeicher gebracht und dort gelagert. Viel blieb meistens nicht für die Bauern selbst übrig. Insgesamt war ihr Leben eine eintönige Angelegenheit, es gab zu fast jeder Zeit etwas auf den Feldern zu tun, außer in der Flutzeit. Aber es blieb keine Zeit für Urlaub. In der Flutzeit wurden sie in der Regel zu den vielen Bauplätzen des Pharaos gerufen und mussten dort weitere Arbeiten leisten. Aber trotz allem gab es auch für die fleißigen Bauern Abwechslung: Das ganze Jahr über gab es religiöse Feste und Feiern, an denen auch sie teilnahmen.

Die Handwerker:
Die Handwerker waren eine angesehene Berufsgruppe und arbeiteten meist unter dem Pharao oder einem Lehnsherrn. Man kann sie

in verschiedene Gruppen unterteilen. Es gab Handwerker mit großem künstlerischem Geschick. Sie arbeiteten als Maler, Zeichner und Bildhauer. Eine weitere Gruppe waren die Handwerker, die körperlich anstrengendere und gröbere Arbeiten verrichteten. Das waren Maurer, Zimmerleute, Steinmetze und andere Arbeiter auf den Baustellen. Manche Handwerker arbeiteten zu Hause, andere wiederum phasenweise auf den Pyramidenbauplätzen. Für diese Zeit lebten sie dann auch direkt in der Nähe der Baustelle in kleinen Dörfern, bevor sie wieder nach Hause zurückkehrten.

Beamte, Ärzte und Priester:
Etwas höher gestellt waren Beamte am Hof des Königs und anderen Berufe wie Ärzte oder Priester, die weniger körperliche Arbeiten ausübten und eine höhere Bildung besaßen. Die Beamten waren sehr wichtig, da sie beispielsweise das Land vermaßen und die Steuern überwachten. Priester waren meist gleichzeitig Ärzte und genossen hohes Ansehen. Es gab auch noch einige wichtige Berufe, die heute etwas verrückt erscheinen: Die Einbalsamierer waren sehr wichtig, denn jeder Ägypter, der genug Geld hatte, ließ sich nach seinem Tod zur Mumie einbalsamieren. Damit sollte das Leben im Jenseits gewährleistet werden. Aber dazu kommen wir später.

Die Schreiber:
Es gab viele verschiedene Stufen von Beamten, aber ein Beruf stach noch einmal deutlich heraus: der Schreiber. Im alten Ägypten konnten nur wenige Menschen lesen und schreiben. Es war aber gleichzeitig sehr wichtig, um alles richtig organisieren zu können. Wenn man als Schreiber arbeitete, war einem das Ansehen bei den anderen Ägyptern sicher.

Der Wesir:
Klar, der Pharao regierte eigentlich das Land. Aber nicht einmal er konnte all die Aufgaben bewältigen, die dieses Amt mit sich brachte. Deswegen brauchte er einen Stellvertreter, den Wesir. Das war das zweitwichtigste Amt im ganzen Reich. Außer dem Pharao war keiner so mächtig wie er. Beim Wesir liefen alle Fäden der Reichsverwaltung zusammen und er hatte eine Vielzahl an Ausgaben: Er verwaltete den Palast, die Staatskasse, ernannte Richter und Schreiber. Zunächst wurde immer ein Sohn des Pharaos als Wesir bestimmt. Später wählte man den Wesir unter den Beamten, die sich besonders durch gute Arbeit ausgezeichnet hatten. Im neuen Reich gab es dann auch zwei Wesire, einen Wesir für Oberägypten und einen Wesir für Unterägypten. Der Grund dafür war, dass Verwaltungsaufgaben zu diesem Zeitpunkt so umfangreich geworden waren, dass es unmöglich wurde, all diese Aufgaben allein zu bewältigen.

Der Pharao:
An oberster Stelle stand schließlich der Pharao. Er hatte als politischer und religiöser Führer die alleinige Entscheidungsgewalt über alles, was im Reich passierte. Natürlich ließ er sich von Beratern unterstützen. Aber letztendlich war er es, der die Gesetze erließ, über Krieg und Frieden entschied und der oberste Richter war. Für die Ägypter war er nicht nur König, sondern gleichzeitig auch ein Gott und hatte das Amt des Hohepriesters inne. Man kannte den Pharao auch als „Sohn des Re".

Exkurs: Wer waren die bekanntesten Pharaonen?
- Tutenchamun – der kleinste und bekannteste Pharao
Tutenchamun hatte geschafft, wovon wohl viele Kinder träumen: einmal König zu sein. Er wurde schon mit neun Jahren zum Pharao

und regierte als Kind dieses riesige Reich. Allerdings hört sich das viel toller an, als es in Wirklichkeit war. Eigentlich hatte der junge Pharao nicht viel zu sagen. Stattdessen übten Berater, hohe Beamte, Priester und Generäle die Macht aus. Er starb bereits mit 18 Jahren.

Warum? Das ist bis heute ein großes Rätsel. Ob es nur ein Unfall war oder er umgebracht wurde? Die Mumie wurde 1992 von dem britischen Forscher Howard Charter gefunden, der die Grabkammer öffnete. Der beeindruckendste Fund unter all den Schätzen war die Totenmaske des Königs. Sein Gesicht war mit dieser bedeckt. Mehr als 11 Kilogramm reines Gold wurden dafür verwendet. Zu sehen ist diese unfassbar wertvolle Maske heute in einem Museum in Kairo.

• Ramses II. – der große Baumeister
Ramses II. ist uns heute vor allem bekannt, da unter seiner Herrschaft die meisten und eindrucksvollsten Gebäude errichtet wurden. Er lernte von Kindesbeinen an, was es bedeutete, Pharao zu sein und wurde von seinem Vater genau auf seine Rolle vorbereitet.

Er muss wohl sehr selbstbewusst, eitel und vielleicht etwas größenwahnsinnig gewesen sein. Er ließ riesige Statuen von sich errichten. Auch der Felsentempel Abu Simbel, den er direkt in den Fels hauen ließ, zählt zu den prachtvollsten Bauten der Ägypter.

Dies war möglich, da er zum einen sehr lange herrschte – die Lebensspanne der Menschen damals war insgesamt viel kürzer als heute – und Ägypten sich zum ersten Mal seit langer Zeit in keinem Krieg befand. Er war nämlich auch derjenige, der den ersten Friedensvertrag der Welt schloss.

• Hatschepsut – die erste Dame
Pharao zu sein – das war eigentlich eine reine Männerangelegenheit, bis Hatschepsut an die Macht kam. Sie war vielleicht die mächtigste Frau, die es jemals im alten Ägypten gegeben hat. Als ihr Mann,

Pharao Thutmosis II. starb, war der gemeinsame Sohn Thutmosis III. noch zu jung, um die Herrschaft zu übernehmen. So wurde sie Regentin und sie stand zwei Jahrzehnte lang an der Spitze Ägyptens. Irgendwann am Anfang dieser Regentschaft fasste sie einen ungeheuerlichen Plan: Sie würde sich selbst zum Pharao machen. Damit wurde sie die erste Pharaonin, die es jemals in Ägypten gegeben hatte. Unter ihrer Herrschaft blühte Ägypten auf. Sie hinterließ ihren Nachkommen ein geeintes, wohlhabendes und blühendes Land.

- Kleopatra – die letzte Pharaonin

Macht, Intelligenz, Schönheit und Verführung – dies sollen die Talente der bewunderten Kleopatra gewesen sein, die alles dafür tat, ihr Land vor dem Untergang zu bewahren. Umsonst! Sie herrschte im ersten Jahrhundert über Ägypten. Am Ende musste sie mitansehen, wie ihr Reich seine Unabhängigkeit verlor und zur Kolonie des Römischen Reiches wurde. Sowohl mit Caesar als auch mit Marcus Antonius soll sie wohl ein Verhältnis gehabt haben. Aus ihrer Liebschaft mir Caesar ging sogar ein gemeinsamer Sohn hervor.

Alltag

DAS FAMILIENLEBEN

Im alten Ägypten lebten die Menschen in Großfamilien, die nicht nur aus den Eltern und Kindern bestanden, sondern auch mehrere Generationen umfassten, zusammen unter einem Dach. Obwohl die Lebenserwartung nicht so hoch war, kam man schnell auf eine große Zahl an Familienmitgliedern, da die Ehen sehr früh geschlossen wurden. Die Frauen heirateten durchschnittlich mit 12 bis 14 Jahren.

Die Männer waren etwas älter. Als Familienoberhaupt regelten sie die meisten Angelegenheiten für die Familie in der Öffentlichkeit. Außerdem waren sie tagsüber außer Haus, um ihren Berufen nachzugehen und genug Geld zu verdienen, um die ganze Familie zu versorgen.

Die Mutter und Ehefrau blieb zu Hause, versorgte die Familie und organisierte den Haushalt, was ihr großes Ansehen brachte. Die Ägypter schätzten die Herrin des Hauses, die sie „nebet per" nannten. Sie musste ihrem Mann zwar gehorchen, aber trotzdem hatte sie mehr Freiheiten als in anderen Ländern zu dieser Zeit. Eine Frau durfte selbstständig mit verschiedenen Waren handeln. Sie konnte zwar kein öffentliches Amt bekleiden, wie zum Beispiel Schreiber oder Beamter, aber es gab wichtige Berufe für Frauen mit guter Schulbildung. Dazu zählten Priesterinnen und Ärztinnen. Bei wichtigen Gründen konnten sich sogar beide Ehepartner scheiden lassen. Dies war später über viele Jahrhunderte nicht mehr möglich.

Die Kinder waren mehr noch als heute wichtig für die Zukunft der Eltern, da sie in späteren Jahren ihre Altersvorsorge darstellten. Richtige Versicherungen gab es damals noch nicht, weshalb die Kinder für das Wohlergehen der Eltern im Alter verantwortlich waren. Da die Ägypter sehr religiös waren und der Totenkult in ihrer Religion eine wichtige Rolle spielte, war es auch wichtig, Nachkommen zu haben, die alle nötigen Rituale aufrechterhalten würden, die nötig waren, um ein Leben im Jenseits zu gewährleisten.

Nach der Geburt gab man dem neuen Familienmitglied sofort einen Namen. Da Namen damals eine große Bedeutung beigemessen wurde, wählten die Eltern oftmals Namen von Göttinnen, Göttern und Pharaonen. In jungen Jahren spielten die Kinder genauso gern wie du heute. Sie hatten Spielzeuge, wie etwa aus Holz geschnitzte Tiere, Puppen oder einfache Brettspiele. Sie tanzen, rannten, turnten oder badeten, wann immer sie Zeit hatten. Aber schon im Alter von fünf Jahren begann der Ernst des Lebens. Die Mädchen mussten Pflichten im Haushalt erfüllen, während die Jungen bereits ihren Vätern halfen, um deren Beruf zu erlernen. Wenn es jüngere Geschwister gab, musste man auf diese aufpassen. Und dann gab es ja auch noch die Schule ...

SCHULE WIE HEUTE?

Schon damals mussten die Kinder in die Schule gehen – zumindest, wenn sie aus wohlhabenden Familien stammten. Eine allgemeine Schulpflicht wie heute gab es nicht. Aber wer reiche Eltern hatte, sollte einen guten Beruf erlernen können. Da du inzwischen weißt, dass Schreiber beispielsweise sehr angesehen waren, kannst du dir wohl zusammenreimen, dass diese Arbeit nicht ohne eine gute Schulbildung möglich war. Wenn dein Vater ein Bauer oder Handwerker gewesen wäre, hätte er dir zu Hause alles Wichtige beigebracht, was du über deinen zukünftigen Beruf wissen müsstest.

Und der vielleicht größte Unterschied zu heute: Mädchen gingen überhaupt nicht zur Schule. Damals glaubte man, dass Mädchen nur Fertigkeiten wie zu kochen, zu putzen und zu musizieren erlernen und den Haushalt organisieren mussten. Das sollte ihnen helfen, eine gute Ehefrau zu sein.

Was lernte man in der Schule?
Der Unterricht war damals nicht leicht. Es gab verschiedene Fächer wie Lesen, Schreiben, Rechnen und verschiedene Wissenschaften. Die Grundlagen lernte man beim Schreiben mit Tinte auf Kalk, Holz oder Tonplatten. Das Rechnen beinhaltete komplizierte Aufgaben zur Addition, Subtraktion und so weiter. In späteren Schuljahren kamen weitere Fächer wie Geometrie und Astronomie hinzu.

Wie sah ein Klassenzimmer aus?
Tische oder Stühle gab es in einem Klassenzimmer nicht, denn die Kinder saßen alle im Schneidersitz auf dem Boden! Damit es nicht so unbequem war, wurden Matten ausgelegt. Der Lehrer stand vorn und beaufsichtigte die Kinder. Manchmal las er laut aus Schriften vor, die die Kinder wiederholten. Und wenn sie nicht fleißig genug waren, wurde ihnen sogar mit einem Stock auf die Sprünge geholfen. Mit Faulheit konnten die Ägypter nichts anfangen; Disziplin und Pflichtbewusstsein standen an oberster Stelle.

DAS HAUS DER FAMILIE

Das Familienleben spielte sich vor allem im Haus ab, das je nach Wohlstand der Familie sehr luxuriös oder sehr einfach gebaut und eingerichtet war. Die meisten Ägypter waren Bauern und führten deshalb ein einfaches Leben. Ihre Häuser waren einfach und hatten eine rechteckige Form. Sie waren mit Ziegeln aus Nilschlamm gebaut und anschließend mit weißer Farbe bemalt. Dies half, das Haus vor der Hitze und der stechenden Sonne zu schützen.

Die meisten Häuser der einfachen Bevölkerung hatten nicht mehr als drei Räume. Es gab einen Eingangsbereich, einen Aufenthaltsraum, der genauso den Wohnraum als auch eine Werkstatt beinhalten konnte, und eine Küche. Viele Häuser hatten auch einen kleinen Innenhof, damit sich die Familie auch im Freien aufhalten konnte.

Dementsprechend waren die Häuser auch einfach eingerichtet: Es gab nicht viele Möbel. Geschlafen wurde nicht auf Betten, sondern Strohmatten. Außerdem gab es einfache Gegenstände wie Krüge, Körbe und verschiedenes Geschirr. Der Herd in der Küche war oftmals nur eine Steinplatte. Manche Quellen behaupten, dass die alten Ägypter in diesen Hütten sogar zusammen mit ihrem Vieh gewohnt haben.

Die Häuser der vornehmen Beamten und reichen Familien sahen natürlich ganz anders aus. Es gab viel mehr Zimmer, so etwa verschiedene Vorhallen, Aufenthaltsräume, Gemeinschaftsräume und verschiedene Schlafzimmer. Außerdem wurde Wert auf einen schönen Garten gelegt, in dem es Wasserbecken, verschiedene Bäume, Palmen und wunderschöne Blumen gab. Sehr reiche Ägypter konnten sich sogar Dienstboten leisten, für die es eigene Kammern gab. Außerdem gab es – im Gegensatz zu den Hütten der ärmeren Bevölkerung – ein Badezimmer. Da die Häuser im alten Ägypten insgesamt nicht so üppig eingerichtet waren wie heute, gab es auch in den größeren Häusern nicht viele Möbel. Diese waren aber viel luxuriöser als die der Bauern.

DIE KÜCHE DER ÄGYPTER

Leider haben uns die alten Ägypter keine Rezepte hinterlassen, weshalb wir nur aus Wandmalereien erschließen können, welche Zutaten sie verwendeten und wie sie sie zubereiteten. Außerdem kann man noch heute Überreste von Grabbeilagen finden, unter denen es auch Lebensmittel gibt. Der Wüstensand und das heiße, trockene Klima haben erstaunlich gut dazu beigetragen, Lebensmittel der Ägypter zu erhalten.

Von diesen Funden wissen wir, dass die Ägypter täglich Brot und Bier zu sich nahmen. Das klingt logisch, da wir wissen, wie wichtig die Landwirtschaft am Nil und wie reich die Ernten waren. Um das Brot herzustellen, zermahlte man das Getreide zwischen Steinen und siebte das Mehl, um es feiner zu machen. Das klappte leider nicht immer sehr gut, sodass in den Broten oftmals noch Körner oder Steinchen waren. Kein Wunder, dass die Zähne der Menschen damals sehr schlecht waren. Dieses Mehl knetete man mit Wasser und Salz zu einem Teig, der über einem Feuer, in einem Ofen oder direkt in der Asche gebacken wurde.

Umso wohlhabender man war, desto reichhaltiger konnte man seine Mahlzeiten zubereiten. Dann gab man zusätzliche Zutaten wie Milch, Eier und Hefe zum Teig hinzu. Wer es aromatischer mochte, würzte das Brot mit verschiedenen Gewürzen. Und für süßes Brot verwendete man Früchte – vorzugsweise Datteln und Feigen – und kostbaren Bienenhonig.

Die Ägypter liebten Gemüse und Obst. Sie hatten kleine Zwiebeln, Knoblauch, Gurken, Trauben, Äpfel und Oliven. Außerdem aßen sie viele Nüsse.

Wer dann noch nicht genug hatte, aß Fleisch und Fisch als Beilage. Sie züchteten und schlachteten das Vieh meistens selbst. Am meisten aßen sie Geflügel wie Tauben, Gänse und Enten. Hühner kannten sie damals noch nicht. Manchmal wurden aber auch wilde Tiere gejagt. Es gibt immer noch Zeichnungen von Jägern, die durch die Wüste ziehen, um Antilopen zu jagen. Der Fisch stammte aus dem Nil. Um die Zutaten länger haltbar zu machen, wurde sie oft getrocknet und gepökelt.

All diese Grundzutaten wurden nicht nur zu Broten, sondern auch Suppen, Pfannkuchen oder sogar Keksen verarbeitet.

KLEIDUNG UND FRISUREN

Da es in Ägypten das ganze Jahr über sehr heiß war, waren die Menschen eher spärlich bekleidet und trugen leichte Gewänder. Meistens wurde Leinen oder Flachs verwendet, aber es gab auch Kleidung aus Wolle oder verschiedenen Gräsern wie Schilf oder Hanf. Die Gewänder hatten helle, natürliche Farben. Die einfache Bevölkerung trug meist hellbraune Kleidung. Sehr reiche Familien konnten sich auch Stoffe in reinem Weiß leisten.

Dafür war der Schmuck umso farbenfroher. Umso wohlhabender man war, desto edler wurden Tücher und Verzierungen. Die Frauen liebten es, Perlen an ihren Gewändern zu tragen. Auch Gürtel und Bänder wurden aus bunten Stoffen gefertigt. Man leistete sich auch edle Sandalen aus Leder. Könige trugen sogar welche aus Gold.

Etwas ganz Besonderes war auch die Vorliebe der Ägypter für Perücken, die sie außer Haus trugen. Auch Männer trugen sie. Du wirst es nicht glauben, aber eine Zeit lang waren bei Männern kahl geschorene Köpfe mit langen Locken an den Seiten der letzte Schrei. Es gab Perücken mit langen Locken, Zöpfen oder auch komplizierteren Frisuren. Am allerliebsten sogar in blond. Zur Herstellung verwendete man Menschenhaar, Tierhaar und verschiedene Pflanzen. Damit die Frisuren auch hielten, diente Bienenwachs als eine Art Haargel.

Arme Menschen trugen weniger Stoff. Damals schämte man sich nicht, unbedeckt zu sein. Oftmals trugen sie nur einen Lendenschurz. Hierbei wickelte man sich ein langes Stück Stoff um die Hüften und verknotete die Enden an der Vorderseite. Auch an den Füßen trugen sie nichts und gingen meistens barfuß.

WELCHE FESTE FEIERTEN DIE ÄGYPTER?

Schon damals wurde gern gefeiert. Die öffentlichen Feste zogen immer wieder viele Menschen an. Oft waren religiöse Anlässe der Grund für die großen Feiern. Dies sind einige davon:
- Sed-Fest

Das Sed-Fest war ein Jubiläumsfest des Pharaos. Man feierte die 30-jährige Herrschaft eines Königs. Da 30 Jahre eine lange Zeit sind und die Ägypter nicht so alt wurden wie die Menschen heute, war der Pharao also schon ein Opa. Mit Zeremonien und magischen Ritualen versuchte man deshalb, die Lebenskraft und Energie des Pharaos zu erneuern. Ob das wohl geklappt hat?

- Opet-Fest

Das Opet-Fest wurde jedes Jahr in der Stadt Theben gefeiert. Es dauerte ganze 27 Tage lang und war eines der bedeutendsten Feste.

Zeitpunkt war immer die Nilüberschwemmung. Es gab prächtige Zeremonien und Umzüge. Später erbaute man nur für dieses fest einen eigenen Tempel. Ganz schön viel Aufwand für eine Party ...

• Min-Fest
Das Min-Fest wurde in ganz Ägypten zu Ehren des Fruchtbarkeits- und Urgottes Min begangen. Es war ein bisschen wie ein Erntedankfest, bei dem man den Göttern für die reichen Ernten dankte und sie gnädig stimmen wollte, um das Land weiterhin zu befruchten. Deswegen fand das Fest auch jedes Jahr zur Erntezeit statt.

MACHTEN DIE ÄGYPTER SPORT?

Natürlich brauchten auch die Menschen im alten Ägypten Abwechslung und Freizeit von der Arbeit auf den Feldern, dem Bau der Pyramiden und so weiter. Und sie machten das Gleiche, wie du ein deine Freunde vermutlich auch: Sport! Es gab zwar keine so großen Wettkämpfe wie die Griechen sie später mit den Olympischen Spielen praktiziert haben, aber viele Sportarten, die wir noch heute kennen, sind auf die alten Ägypter zurückzuführen.

Eine der Lieblingssportarten war das Ringen. Schon in jungen Jahren übten die Jungen verschiedene Techniken und balgten sich auf dem Boden. Für Erwachsene gab es dann richtige Wettkämpfe. Aber auch Bogenschießen oder Speerwerfen waren beliebt. Das hatte auch einen praktischen Aspekt: Wenn man auf die Jagd ging, war es natürlich sehr hilfreich, wenn man mit diesen Waffen auch gut umgehen konnte. Außerdem liebten es die Ägypter, sich im Gewichte heben zu messen, zu schwimmen und zu reiten.

Auch verschiedene Ballspiele wurden häufig und in verschiedenen Varianten praktiziert. Es gab zum Beispiel ein Spiel mit einer Kugel, die damals ungefähr so groß wie ein Tennisball war. Auf

Zeichnungen sind jedoch nur Mädchen zu erkennen, die mit einem Ball spielen. Man vermutet heute, dass es sich dabei wohl um eine Mischung aus Tanz, Ballspiel und religiösen Ritualen gehandelt haben muss. Auf anderen Zeichnungen werfen sich die Mädchen die Bälle auch gegenseitig zu oder jonglieren damit. So ein Ball bestand damals aus weißem Leder und wurde mit klein geschnittenem Schilf und Stroh gefüllt. In einigen Museen kannst du sogar noch solche Bälle betrachten.

Bei den Kindern war ein Spiel sehr beliebt, dass ihr bestimmt aus dem Sportunterricht kennt. Es gab eine Art Bockspringen. Die Regeln besagten, dass sich zwei Kinder auf den Boden setzten und an den Händen halten mussten. Die anderen Kinder mussten nacheinander über die Hände springen. Nach und nach wurden die Hände dann immer höher gehalten, bis nur noch die besten darüber springen konnten. Der letzte war dann der Gewinner. Sie spielten also Bockspringen und Hochsprung in einem.

Und auch für faulere Ägypter gab es tolle Freizeitbeschäftigungen, die wir noch heute lieben. Die Ägypter waren schon damals große Fans von Brettspielen.

Wie so oft wissen wir so viel über die Spiele der Ägypter, weil sie auch diesen Aspekt ihres Lebens auf Wandbemalungen festgehalten haben. Außerdem finden sich in 2500 Jahre alten Inschriften bereits Hinweise auf die verschiedenen Ballsportarten.

WIE GESUND WAREN DIE ÄGYPTER?

Bei so viel sportlicher Betätigung könnte man nun meinen, dass die Menschen damals alle topfit gewesen sein müssten. Falsch gedacht!

Grund dafür waren vor allem Parasiten und andere kleine Quälgeister wie Mücken – und wie so oft der Nil.

Sobald die Überschwemmung des Nils eintrat und der Schlamm die Äcker bedeckte, bereitete die Natur die Böden für eine fruchtbare Ernte vor – die dann aber erst in einigen Monaten reif war. Solange die Überschwemmungen andauerten, konnten die Menschen kein frisches Gemüse, Obst oder Getreide ernten. Die Vorräte, die sie gelagert hatten, waren oftmals schon knapp und außerdem verdorben, da es so heiß war und es natürlich noch keine Kühlschränke und Gefriertruhen gab. Auf den Teller kam also nur, was gerade übrig war. Und das war meistens zu wenig, oft schon schimmelig von der Feuchtigkeit oder bereits verdorben. Außerdem tranken die Ägypter das Wasser des Nils, das nicht besonders sauber war. In dem Wasser wimmelte es nur so von Bakterien. Als Folge litten die Ägypter sehr oft an Magenkrankheiten und Durchfall.

Fast noch schlimmer waren die Parasiten. Du weißt nicht, was das ist? Als Parasiten bezeichnet man kleine Würmer, die sich im Körper eines Menschen einnisten. Es gibt verschiedene Parasiten wie Bandwürmer, Spulwürmer oder Leberegel. Diese Parasiten fühlten sich im Wasser des Nils pudelwohl – und zogen schnell in den Körper eines Menschen um, wenn dieser im Wasser badete. Dort nisteten sich die Parasiten dann ein und quälten den Menschen von innen heraus.

Als Forscher Mumien auch auf Krankheiten untersuchten, stellten sie fest, dass die Menschen damals schon viele Krankheiten hatten, die es heute noch gibt. Sehr verbreitet war schon damals Diabetes oder Tuberkulose. Viele Menschen starben damals daran, weil die Medizin noch nicht so fortgeschritten war. Vor allem ärmere Menschen hatten außerdem Rückenprobleme und Knochenkrankheiten, da ihre körperliche Arbeit sehr hart war und sie oftmals schwere Gegenstände schleppen mussten.

ZAUBER ODER HEILKUNST?

Die Ärzte im alten Ägypten waren aber besser, als die Erklärungen im letzten Kapitel vermuten lassen würden. Im Vergleich zu anderen Völkern war ihre Medizin relativ fortgeschritten. Über die Grenzen hinaus wurde von dem Können der ägyptischen Ärzte berichtet.

Damals waren sie schon in der Lage, wie ein Physiotherapeut heute, ausgerenkte Gelenke wieder einzurenken. Bei Knochenbrüchen führte man zwar noch keine Operationen durch, aber auch hier wussten die Ärzte schon recht gut, wie sie Arme und Beine schienen mussten, damit die Knochen möglichst gerade zusammenwachsen konnten.

Allerdings wussten die Ägypter noch nicht so viel über den Körperbau oder die Funktionen der inneren Organe. Das lag auch daran, dass die Körper heilig gewesen sind und möglichst unversehrt ins Totenreich eingehen sollten. So hat man die Körper zwar mumifiziert, aber nicht unbedingt richtig untersucht, um den Lebenden besser helfen zu können. Wunden wurden genäht und auch die Zähne, die aufgrund der Steine in den Broten oft so schlecht waren, konnten sie behandeln.

Es gab auch schon Medikamente. Die Ärzte stellten je nach Krankheitsbild verschiedene Salben, Tropen und Tinkturen her, die den Kranken schnell helfen sollten, wieder gesund zu werden. Es gab sogar schon kleine Tabletten.

Außerdem entwickelten sich viele Ärzte zu richtigen Spezialisten und behandelten ausschließlich bestimmte Krankheitsbilder. Sie genossen einen so guten Ruf, dass Menschen aus verschiedenen Ländern und Kulturen anreisten, um sich von einem ägyptischen Arzt behandeln zu lassen.

Die Medizin damals war allerdings alles andere als reiner Humbug und schlechte Zauberei, wie manche Leute manchmal behaupten. So ganz verkehrt ist diese Meinung aber auch nicht: Ein bisschen Zauberei als Unterstützung zu einer ärztlichen Behandlung konnte nicht schaden – fanden zumindest die alten Ägypter. Sie besuchten nicht nur einen Arzt, sondern auch einen Priester oder Zauberer. Deswegen waren die meisten Priester auch Ärzte und andersherum.

DIE SCHRIFT DER ALTEN ÄGYPTER

Da die Verwaltung Ägyptens schön kompliziert war, mussten die Beamten sich gut organisieren und genau festhalten, was im Land vor sich ging. Deswegen entwickelten sie eine Schrift, um alles genau zu datieren: Wie viel Getreide geerntet wurde und wie viele Vorräte vorhanden waren, welche Gesetzte es gab, wie der Bau der Pyramiden voranschritt und viele Daten, die in der Geschichte Ägyptens wichtig waren. Die Schrift war eine besondere und es hat lange gedauert, bis man diese Hieroglyphen entziffern konnte.

Wie sahen Hieroglyphen aus?
Ursprünglich waren die Hieroglyphen kein System aus Buchstaben, wie wir sie heute kennen, sondern eine reine Bildschrift. Das heißt, dass ein Zeichen nicht die Bedeutung eines einzelnen Buchstaben hatte, sondern oftmals mehrere Silben, Morphene oder Laute bedeuten konnte. Die ersten Zeichen wurden ungefähr 3 000 v. Chr. entwickelt. Damals gab es etwa 700 verschiedene Bildzeichen aus kleinen Zeichnungen und Symbolen. Es dauerte aber nicht lange, bis sich die Schrift zu einer Art Schreibschrift weiterentwickelte und auch die Zahl der Zeichen wurde kontinuierlich erweitert. Am Ende des alten Ägyptens, als die griechisch-römische Zeit schon

begonnen hatte, gab es über 7.000 Hieroglyphen. Die Schreiber mussten also viel, viel mehr Zeichen beherrschen als wir heute mit unserem Alphabet, das aus 26 Buchstaben besteht.

Der Begriff „Hieroglyphen" selbst stammt aus dem Griechischen. Übersetzt bedeutet es „heilige Schriftzeichen" oder „heilige Vertiefungen". Der Name kommt daher, dass die Hieroglyphen zu Beginn vor allem in einem kultischen und religiösen Kontext verwendet wurden.

Die Zeichen selbst sind wunderschön anzuschauen. Wenn du genau hinsiehst, wirst du verschiedene Tiere wie Schlangen, Geier, Löwen, Gänse und Eulen entdecken. Auch viele Menschen in verschiedenen Positionen und Gesten kommen vor. Verschiedene Formen symbolisieren Gegenstände oder die Natur. Eine Zickzack-Linie bedeutet zum Beispiel „Wasser". Allerdings wissen wir bis heute nicht, was alle Hieroglyphen für eine Bedeutung hatten. Manche Rätsel werden wohl immer ungelöst bleiben ...

Worauf schrieben die Ägypter?
Zu Beginn ritzte man die Zeichen in Steinplatten. Da dies aber sehr aufwendig und anstrengend war, erfanden die Ägypter später das Schreibpapier, das allerdings sehr kostbar war. Hergestellt wurde es aus der Papyruspflanze, die am Ufer des Nils wuchs. Schon wieder prägte der Nil die ägyptische Gesellschaft! Längere Schriftstücke wurden auf verschiedenen Papyri geschrieben und dann zusammengeklebt und aufgerollt. Die Ägypter hatten also keine Bücher, sondern Schriftrollen.

Woher kennen wir die Bedeutung der Hieroglyphen?
Nach dem Ende des alten Ägypten wurden die Schriftzeichen nicht mehr verwendet und ihre Bedeutung geriet über viele Jahrhunderte

in Vergessenheit. Man entdeckte zwar immer wieder Überreste, auf denen Hieroglyphen zu sehen waren, aber niemand konnte sie übersetzen, bis im 18. Jahrhundert eine bedeutende Entdeckung gemacht wurde: der Stein von Rosette. Im Jahre 1799 wurde die französische Armee unter Napoleon nach Ägypten geschickt. Dort kamen sie an der Stadt Rosette vorbei und ein französischer Offizier stieß auf diesen Stein, in den eine lange Inschrift aus Hieroglyphen gemeißelt worden war. Bei genauem Hinsehen fiel ihm jedoch auf, dass es nicht nur ägyptische Schriftzeichen waren; es gab auch Worte in Altgriechisch und Demotisch.

Auf diesem Stein waren ein und dieselben Gesetze in drei verschiedenen Sprachen zu lesen. Es ging darin um die Pflichten ägyptischer Priestern gegenüber dem Pharao. Da Ägypten damals aber schon von griechischen Königen regiert wurde, musste das Gesetz in verschiedenen Sprachen veröffentlicht werden.

Es dauerte trotzdem noch einige Jahre, bis die Sprachwissenschaftler die Übersetzungen entziffern konnten. Gut, dass es Genies wie Jean François Champollion gab. Dieser konnte schon als Kind acht verschiedene alte Sprachen verstehen. Er war derjenige, der es schließlich schaffte, die Bedeutung der einzelnen Hieroglyphen mithilfe der anderen beiden Übersetzungen zu entziffern. Ganze 15 Jahre lang arbeitete er an einer Liste mit Hieroglyphen und ihren Bedeutungen. Ohne ihn würden wir die Sprache vielleicht bis heute nicht verstehen und viele Informationen, die wir bisher gelernt haben, wären immer noch nicht bekannt. Was für ein Glück!

Götter und Totenkult

Pyramiden, Tempel, Mumien, Totenmasken ... die meisten Überreste, die uns bis heute am meisten faszinieren, haben mit der Religion und dem Totenkult, der ein sehr wichtiger Teil davon war, zu tun. Aber weißt du überhaupt, mit welchen Überzeugungen dieser Kult tatsächlich verbunden war und was die Ägypter glaubten?

WELCHE GÖTTER HATTEN DIE ÄGYPTER?

Für die Ägypter hatte alles, was in ihrem Leben und in der Natur geschah, einen gemeinsamen Ursprung: Es war das Werk der Götter. Kein Wunder also, dass die Ägypter sehr gläubig waren und sich ihr ganzes Leben nach der Verehrung dieser Götter richtete.

Der Glaube war anders als die großen Weltreligionen, denen die meisten Menschen heutzutage angehören. Es gab eine Vielzahl an göttlichen Wesen, weshalb man diese Religion als polytheistisch bezeichnet. (Im Gegensatz dazu gibt es auch monotheistische Religionen wie das Christentum, bei denen nur ein Gott existiert.) Diese Götter herrschten über die Erde, den Himmel und die Unterwelt, in der die Verstorbenen weiterlebten.

Vieles war auch viel greifbarer: Die Ägypter bauten Tempel nicht nur, um einen Ort zur Verehrung der Götter zu schaffen, sondern sie waren sich sicher, dass diese auch wirklich als Wohnung für die Götter dienten, wenn diese einmal auf die Erde kommen wollten. Die Tempel wurden mit Statuen der Götter geschmückt. Oft wurden die Götter durch Tiere verkörpert, die in vielen Darstellungen auch in Menschengestalt abgebildet wurden. Aber nicht jeder durfte die Statuen begutachten. Die Priester waren die einzigen, die sie sehen durften.

Wie gesagt, gab es eine Vielzahl an Göttern. Zum Teil hatten eigene Regionen in Ägypten zusätzlich noch eigene Gottheiten. Hier gibt es eine kleine Übersicht über die wichtigsten:

• Re – der Sonnengott
Eine besondere Rolle spiele der Sonnengott Amun-Re, der mit einem Falkenkopf und einer Sonnenscheibe dargestellt wurde. Er brachte Licht und Wärme und war deshalb der wichtigste Gott. Später wurde er sogar zum Hauptgott. Außerdem war er der Schöpfer der Welt. Von ihm ging die Ordnung der Welt aus. Auch dafür gab es eine eigene Göttin: seine Tochter Maat, was „Gerechtigkeit" und „Wahrheit" bedeutete.

- Osiris – Gott des Jenseits

Dieser Gott war besonders wichtig für die Verstorbenen, denn er war der Gott des Jenseits und richtete im Totengericht über die Verstorbenen. Auf den Darstellungen sieht er meistens einem Pharao ähnlich: Auch Osiris trug einen Krummstab, eine Geißel und eine Krone.

- Isis – die Göttin der Geburt und Wiedergeburt

Isis war die Frau von Osiris und die Schutzgöttin für alle Mütter. Sie wurde bis über die Grenzen Ägyptens hinaus verehrt. Dargestellt wurde sie meist wie eine menschliche Frau, die auf dem Kopf einen Thron hatte. Manchmal nahm sie auch die Gestalt von Tieren an. Dabei konnte es sich um Vögel, Rinder, Gazellen und andere Arten handeln.

- Horus – der Schutzgott des Pharaos

Die Sagen erzählten, dass Horus der Sohn von Isis und Osiris war. Er wurde als Falke dargestellt und trug die doppelte Königskrone. Horus war der Schutzgott des Pharaos, vermutlich sah er ihm deshalb so ähnlich. Erinnerst du dich, dass Pharaonen nicht nur Könige, sondern auch Götter waren? Der Pharao wurde als "lebendiger Horus" verehrt.

- Bastet – zwei Wesen in einer Göttin

Auch Bastet, die Katzengöttin, war eine Tochter des Sonnengottes Re. Abgebildet wurde sie entweder als Frau mit Tierkopf oder aber als ganzes Tier dargestellt. Bastet hatte eine Vielzahl an Schützlingen und Aufgaben: Sie war die Göttin der Fruchtbarkeit und der Liebe, außerdem die Beschützerin der Schwangeren. Auch war sie Göttin der Freude, des Tanzes, der Musik und der Feste. Der Sage nach war sie anfangs eine Göttin, die sowohl sanft als auch wütend sein konnte. Ursprünglich besaß sie sowohl zornige als auch sanfte Eigenschaften. Irgendwann wurde ihre zornige Seite abgelöst und an die Göttin Sachmet abgegeben. Sachmet war von da an die zerstörerische Seite von Bastet.

DER MYTHOS DES TOTENGERICHTS

Die Ägypter glaubten an das Weiterleben nach dem Tod in der Unterwelt. Bevor man diese betreten durfte, musste man sich jedoch erst vor dem Totengericht für seine Taten verantworten. Die Ägypter stellten sich vor, dass der Tote in die sogenannte „Halle der Wahrheit" geführt wurde. Dort begrüßte er alle anwesenden Götter und musste eine Rede halten, in der er sich für seine Taten rechtfertigen musste. Außerdem unterzog Osiris, der den Vorsitz des Totengerichts hatte und dessen oberster Richter war, diese einem strengen Verhör.

Anschließend kam der Einsatz des Gottes Anubis. Dieser bediente eine große Waage, auf die das Herz des Verstorbenen gelegt wurde. Auf der anderen Seite der Waage lag eine Figur der Göttin der Wahrheit und des Rechts. Wenn die Waage im Gleichgewicht blieb, war alles in Ordnung. Der Verstorbene hatte die Prüfung bestanden und durfte die Unterwelt betreten. Wenn sich die Waage aber zuungunsten des Toten neigte, wurde er von einem Ungeheuer, das einem Krokodil ähnelte, verschlungen und blieb für immer tot.

Da die Ägypter die Prüfung unbedingt bestehen und im Jenseits weiterleben wollten, bereiteten sie sich schon zu Lebzeiten auf das Gericht vor. Wer genug Geld hatte, ließ sich von einem Schreiber ein Totenbuch verfassen. In diesem waren viele Texte, die den

Lebenslauf des Verstorbenen schilderten und vorbereitete Argumente, wie man die Götter von seiner Unschuld überzeugen konnte. Das Totenbuch war also einer der wichtigsten Gegenstände, die dem Verstorbenen mit ins Grab gegeben werden konnten.

Weitere wichtige Grabbeigaben waren der Skarabäus und kleine Uschebtis. Der Skarabäus war ein kleiner Käfer, der die Sonne symbolisierte und deshalb als Verkörperung des Sonnengotts Re verehrt wurde. Der Tote konnte während des Gerichts statt seines Herzens auch den Skarabäus auf die Waagschale legen. Der Skarabäus hatte eine Auflistung aller guten Taten des Toten. Die schlechten hingegen verschwieg er. Uschebtis, kleine Figuren aus Holz oder Stein, wurden wichtig, wenn der Tote das Jenseits erreicht hatte. Die Ägypter stellten sich das Jenseits nämlich so vor, dass man dort genauso wie im Diesseits weiterlebte. Die Uschebtis konnten dem Verstorbenen dann die Arbeit abnehmen.

MUMIEN UND WIE MAN SIE „HERSTELLTE"

Eine weitere Vorstellung über das Jenseits war, dass man mit seinem eigenen Körper dort weiterlebte. Deshalb durfte dieser auch nach dem Tod auf keinen Fall zerfallen. Dies erreichten die Ägypter durch eine besondere Methode: die Mumifizierung.

Die Mumifizierung eines toten Körpers benötigte etwa 70 Tage. Zuerst wurde die Leiche gründlich gereinigt. Die Ägypter stellten schnell fest, dass ein Körper nur haltbar gemacht werden konnte, wenn alle Organe entfernt wurden. Gehirn, Herz, Magen, Lunge – alles musste raus. Das klingt ein bisschen ekelig, aber ohne diesen Prozess hätten Bakterien und Ungeziefer in kürzester Zeit den Körper vernichtet.

Der Verstorbene sollte aber mit seinem Körper im Jenseits weiterleben – dafür brauchte er auch seine Organe. Deshalb mumifizierte man diese nach der Entnahme ebenfalls und verstaute sie in sogenannten Kanopengefäßen, die mit dem Leichnam bestattet wurden. Die Gefäße sahen ganz lustig aus: Sie trugen die Köpfe der Götter, die für den Schutz der Organe zuständig waren. So konnte der Tote später alle Organe wiederfinden.

Anschließend wusch man den Toten und trocknete ihn mit Salz, da Natron das Wasser, das zur Verwesung beitrug, aus dem Körper herauszog. Außerdem rieb man den Körpern mit verschiedenen, sehr kostbaren Ölen ein. Welche Salben genau verwendet wurden, wissen wir heute leider nicht mehr. Abschließend wickelte man den Körper in viele Schichten von Tüchern. Fertig war die Mumie!

Man bettete sie in einen hölzernen Sarg und stattete den Toten mit möglichst vielen Grabbeilagen aus, die dem Toten das Leben im Jenseits erleichtern sollten. Dabei konnte es sich um Essen, Schmuck und Kleider, Waffen oder sogar Möbelstücke handeln.

Leider war so eine Mumifizierung sehr teuer und aufwendig, weshalb es sich nur die reichen Ägypter leisten konnten. Natürlich wollten auch die einfachen Menschen ins Jenseits. Deshalb bestattete man die Toten im trockenen Wüstensand. Die Hitze und die hohen Temperaturen bewirkten quasi eine „natürliche" Mumifizierung.

DAS GEHEIMNIS DER PYRAMIDEN

Für bedeutende Menschen wie einen Pharao konnte ein Grab natürlich gar nicht prachtvoll genug sein. Und hier kommen die Pyramiden ins Spiel. Lange rätselten Forscher, warum diese großartigen Bauten errichtet worden waren. Man überlegte, ob sie vielleicht

Kornspeicher waren, um die reichen Ernten aufzubewahren. Archäologen und Historiker fanden jedoch heraus, dass sie als Gräber erbaut worden waren. Pharaonen begannen meistens mit dem Bau, sobald sie an die Macht kamen. So ein Bau dauerte nämlich mehrere Jahrzehnte.

Die Pyramiden sahen nicht immer gleich aus. Ihre Vorläufer waren die Mastabas, die wie kleinere, flachere Pyramiden aussehen. Die erste wurde von Pharao Djoser erbaut und liegt in Sakkara. Noch heute ist sie als berühmte Stufenpyramide bekannt. Später dann ließen Pharaonen sich zusammen mit ihren Familien in Felsengräbern im Tal der Könige bestatten.

Die größte Pyramide wurde von Pharao Cheops erbaut. Sie zählt zu den sieben Weltwundern der Antike und ist davon das einzige, das bis heute existiert. Die Grundfläche der Pyramide ist größer als sieben Fußballfelder. Mehrere Kirchen hätten darin Platz. Außerdem hatte sie einmal eine Höhe von 146,60 Metern, dann ist jedoch die Spitze abgebrochen und sie war fast 10 Meter niedriger. Trotzdem blieb sie jedoch bis in das 19. Jahrhundert das höchste Gebäude der Welt.

Viele Pyramiden sind im Lauf der Zeit geschrumpft. Sie waren nämlich mit Kalkstein verkleidet, der in Ägypten sehr selten und nur schwer zu bekommen ist. Als man in späteren Zeiten Steine brauchte, um andere Häuser zu bauen, benutzte man die Pyramiden einfach als Steinbruch. Heute geht das nicht mehr. Aber als man das mittelalterliche Kairo baute, wurden zum Beispiel einfach Steine der Chephren-Pyramide benutzt.

Exkurs: Wer ist die Sphinx?
Wo wir schon über die Pyramide des Chephren sprechen: Direkt davor befindet sich auch die berühmte Statue der Sphinx. Das ist die

größte Skulptur, die in der Antike errichtet wurde. Vermutlich wurde auch sie von Chephren erbaut.

Die Sphinx hat einen Menschenkopf, aber die Gestalt eines Löwen und ist fast 60 Meter lang und 20 Meter hoch. Wen genau sie darstellt, ist unklar. Manche vermuten, es ist der Pharao selbst, andere sind überzeugt, dass es der Gott Re sein muss. Wer auch immer es ist, er hat eine klare Aufgabe: die Pyramide zu bewachen. Was für ein großer Wachhund!

Warum ging das Reich unter?

Trotz all der Entwicklungen, der Organisation, der eindrucksvollen Bauwerke und der kulturellen Errungenschaften währte das ägyptische Reich nicht ewig. Was war nur der Grund dafür, dass dieses mächtige Land unterging? Waren es Kriege oder Aufstände gegen die Pharaonen? Lange rätselte man darüber und bis heute gibt es verschiedene Theorien dazu.

Heute glaubt man, dass vor allem eine Klimakatastrophe schuld daran war. Durch Erderwärmung gab es über mehrere Jahre keine guten Ernten, die der Ursprung von Ägyptens Wohlstand gewesen waren. Die Lage muss beängstigend gewesen sein. Im ganzen Land gab es Sandstürme, sodass der ganze Himmel mitten am Tage dunkel wurde, die Temperaturen stiegen um bis zu 20 Grad Celsius und die jährlichen Überschwemmungen des Nils, auf die man sich über Jahrhunderte verlassen hatte, setzten einfach aus. Die Böden trockneten aus und wurden unfruchtbar. Immer mehr Menschen mussten Hunger leiden, es gab nicht mehr genug zu trinken und im ganzen Land herrschten Armut und Verzweiflung, die zu Plünderungen und Chaos führten.

In diesen Wirren konnte sich kein Pharao länger als einige Jahre an der Macht halten. Das ganze Staatssystem brach aufgrund der Hitze zusammen. Letztendlich zerfiel das große Reich und die große ägyptische Zivilisation war zu Ende.

Woher weiß man heute so viel über das alte Ägypten?

Nach dem Untergang des Reiches geriet die ägyptische Kultur erst einmal in Vergessenheit. Neue Reiche wie das der Griechen oder der Römer folgten. Die griechischen und römischen Gelehrten berichteten nur wenig über Ägypten und das Wissen verlor sich über die Jahrhunderte.

Erst um 1800 kam ein neues Interesse in Europa an Ägypten auf, als Frankreich gegen Großbritannien kämpfte und im Zuge dieses Krieges auch französische Soldaten nach Ägypten geschickt wurden. Dort war man beeindruckt von den vielen mysteriösen Überresten und der fremden Kultur. Auch Wissenschaftler reisten nach Ägypten, um das Land zu erforschen, und schrieben das Buch „Beschreibung Ägyptens". Als dann auch die Hieroglyphen entziffert werden konnten, brach ein richtiger Hype um das alte Ägypten aus.

Immer wieder gab es aufregende Entdeckungen und viele Wissenschaftler reisten nach Ägypten. Vor allem die Pyramiden sorgten für eine große Anziehung. Als das Grab von Tutenchamun zu Beginn des 20. Jahrhunderts entdeckt wurde, fieberte ganze Europa mit. Man gruselte sich und erzählte Geschichten von einem Fluch und lebendigen Mumien.

Immer wieder werden Filme über das alte Ägypten gedreht. Sogar die Modeindustrie holt sich immer wieder Vorbilder. Manche Frauen tragen zum Beispiel Sandalen, die ein bisschen so aussehen wie die goldenen der Pharaonen. Und falls du noch mehr über Ägypten lernen willst, gibt es überall auf der Welt Museen, die Fundstücke ausstellen. Frag doch einmal deine Eltern, ob es in eurer Nähe eines gibt, dass ihr besuchen könntet.

Über das alte Ägypten gibt es immer wieder etwas Neues zu entdecken.

Deutsche Geschichte kinderleicht erklärt

Von den Germanen, über das Mittelalter und die Neuzeit bis zur Bundesrepublik Deutschland – Die spannende Geschichte Deutschlands für Kinder und Einsteiger

Lisa Weinberger

Das erwartet dich in diesem Buch

Hast du dich schon einmal gefragt, warum wir unser Staatsjubiläum im November feiern, wenn doch der Zweite Weltkrieg im Mai endete? Oder warum wir so viele Wörter aus dem Lateinischen in unserer Sprache haben? Oder wer Karl der Große war und warum er so groß war? Ob es nur Könige gab oder vielleicht auch Königinnen?

Alle diese Fragen, und natürlich noch mehr, kann dir dieses Buch beantworten. Für uns ist es wichtig, zu wissen, woher wir kommen, was früher geschehen ist und auch heute noch unser – dein – Leben beeinflusst. Michael Ende, ein bekannter Schriftsteller, hat einmal gesagt „Ohne Vergangenheit kann man keine Zukunft haben". Wer also die Vergangenheit mit allen ihren Fehlern und Erfolgen kennt, kann die Zukunft besser gestalten.

Außerdem wirst du feststellen, dass Geschichte unglaublich spannend ist. Vieles aus der Vergangenheit wird heute noch genutzt. Du hast zum Beispiel gerade ein Buch in der Hand oder hörst ein Audiobuch. Der

Buchdruck wurde im Mittelalter in Mainz erfunden und auch früher wurde natürlich vorgelesen.

Wir beginnen sinnvollerweise am Anfang und arbeiten uns zum Heute hin. Natürlich gab es ganz am Anfang noch kein Deutschland – oder einen anderen Staat. Das Buch begleitet also die Entstehung unseres Landes von der Ur- und Frühgeschichte bis jetzt. Eine spannende und abwechslungsreiche Geschichte, denn über mehrere tausend Jahre ist so einiges passiert auf dem Gebiet, das wir heute Deutschland nennen.

Dabei kannst du auch jedes Kapitel einzeln lesen, je nachdem, was dich gerade am meisten interessiert. Dieses Buch ist dafür gedacht, dir einen ersten Überblick zu geben. Das heißt, dass du viel hören wirst von bekannten Menschen und Ereignissen und von langfristigen Entwicklungen. Kleinere Dinge können leider nicht im Detail erklärt werden, weil das Buch sonst viel zu dick werden würde. Trotzdem wirst du auch von den Kindern und einfachen Menschen lesen, denn sie bildeten die Basis für die Entwicklung zum Staat Deutschland.

Ur- und Frühgeschichte

URGESCHICHTE

Urgeschichte meint den Teil der Geschichte, aus dem wir keine schriftlichen Zeugnisse haben. Keine Briefe, keine Bücher. Kein Wunder, war doch weder Schrift noch Papier damals bereits erfunden. Diese Epoche der Menschheit wird erforscht von Archäologen, denn die einzigen Zeugnisse, die wir aus dieser Zeit haben, sind Werkzeuge, einige Begräbnisstätten und Höhlenmalereien. Die Urgeschichte wird aufgeteilt in verschiedene kürzere Zeitabschnitte. Diese wurden benannt nach dem Material, dass die ersten Menschen benutzten: die Alt- und Jungsteinzeit (Beginn vor 2,6 Millionen Jahren bzw. vor 14.000 Jahren), die Kupfersteinzeit (5500 bis 2200 v. Chr.), die Bronzezeit (2200 bis 800 v. Chr.) und die Eisenzeit (ab 800 v. Chr. bis in das 5. Jahrhundert n. Chr.). Wenn dir jetzt auffällt, dass die Jahresangaben sich teilweise überschneiden – das ist völlig richtig so. Zum einen sind Datierungen auch heute mit modernster Technik noch schwierig, zum anderen sprechen wir hier von einem riesigen Gebiet, selbst wenn wir es auf das heutige Deutschland beschränken. Als im unteren Süden schon mit Eisen gearbeitet wurde, war es im Norden noch Bronze. Daher überlappen Jahresangaben immer ein wenig. Dies wird dir auch später noch auffallen.

Das Gebiet des heutigen Deutschlands war nicht immer besiedelt. Eiszeiten und Kaltzeiten vertrieben die frühen Menschen immer wieder. Der älteste Fund ist zwischen 500.000 und 600.000 Jahren alt und ist ein Stück Unterkiefer eines Homo Heidelbergensis, eine der frühen Arten des Homo sapiens. Auch die Neandertaler, eine weitere frühe Menschenart, lebte auf dem Gebiet. Die Menschen lebten in nomadischen Sippen, das bedeutet, dass Großfamilien zusammenlebten und sie keine feste Wohnstätte hatten. Sie zogen den Steppentieren hinterher, denn diese stellten die Basis ihrer Nahrungsversorgung dar. Ergänzt wurden die Mahlzeiten mit wilden Früchten, Kräutern und Beeren. Der Ackerbau war noch nicht bekannt. Bis etwa 5500 v. Chr. blieb es bei dieser Kultur, dann entstanden in der sogenannten Jungsteinzeit erste bäuerliche Kulturen. Ackerbau und Viehzucht entstanden zusammen mit ersten festen Siedlungsplätzen.

Mit den festen Siedlungen lösten Häuser die Zelte ab. Diese ersten Häuser konnten sehr verschieden aussehen. Von auf hohen Pfählen gebauten Hütten an Seen, die so vor eventuellen Überflutungen geschützt waren, bis hin zu sogenannten Langhäusern.

FRÜHGESCHICHTE

Die Frühgeschichte grenzt sich von der Urgeschichte durch die Existenz von Schriftzeugnissen ab. Dabei zählt nicht, dass die Menschen selbst über sich geschrieben haben, es reicht schon, wenn über sie geschrieben wurde. Von den geheimnisvollen Seevölkern wissen wir etwa nur durch Aufzeichnungen von Kreta und aus Ägypten. Diese Periode der Geschichte beginnt in den verschiedenen Regionen sehr unterschiedlich. Für die Griechen etwa beginnt sie schon um 2000 v. Chr., für Rom erst um 753 v. Chr., dem angeblichen Gründungsjahr Roms. Dazwischen liegen etwa 1500 Jahre, wir sprechen aber bei beidem von dem Beginn der Frühgeschichte, auch wenn dieser Beginn weit auseinanderliegt.

In Mitteleuropa, spezifisch auf dem heutigen Gebiet der Bundesrepublik Deutschland, lässt sich der Beginn auch nicht exakt feststellen. Die meisten Bücher nehmen die ersten römischen Texte über die Bewohner

Germanias als Marke für den Beginn der Frühgeschichte. In der mitteleuropäischen Frühgeschichte forschen verschiedene Disziplinen, also Forscher aus verschiedenen Gebieten der Geschichte. Archäologen suchen nach materiellen Zeugnissen, d. h. Werkzeug, Kleidung, Vasen, sogar ganzen Häusern. Historiker untersuchen die Beschreibungen und Briefe und andere Texte auf neue Informationen. Alle diese Dinge geben uns ein Bild vom Leben der Menschen zu dieser Zeit, jedes Teil ein kleines Stück des großen Bildes. Wie ein Puzzle kommen die Teile dann zusammen und ergeben, wenn es passende Teile und genug davon sind, das große Bild.

Die Germanen – wilde Barbaren?

Von den Germanen hast du vielleicht schon einmal gehört. Wilde Menschen, die immerzu kämpften. Aber stimmt das denn so?

Zuerst einmal, „die" Germanen gab es nie. Die ersten Beschreibungen dieses angeblichen Volkes sind uns von griechischen und römischen Autoren überliefert. Das bedeutet, dass die Germanen sich nicht selbst so nannten, sondern von anderen, nämlich den Römern und Griechen, so genannt wurden. Außerdem bedeutet es, dass wir alle unsere Informationen nicht von den Germanen selbst haben, sondern von ihren Gegnern. Noch dazu basieren die Berichte nicht immer auf Dingen, die die Autoren selbst beobachtet haben. Oft haben sie von anderen Autoren abgeschrieben und dabei leicht verändert oder manchmal einfach ausgedachte Sachen aufgeschrieben.

Aber wer waren die Germanen? Die Germanen waren Menschen verschiedener Stämme, die in Mitteleuropa und dem südlichen Skandinavien lebten. In der Forschung wird über die Sprache bestimmt, ob ein Stamm zu den germanischen Stämmen zählte oder nicht. Ein Volk der Germanen, so wie wir heute Volk definieren, gab es nicht. Verschiedene Stämme konnten untereinander verbündet oder verfeindet sein und die Verhältnisse konnten auch immer wieder wechseln.

Für die Römer (, warum die Römer über die Germanen schrieben, wird im nächsten Kapitel erklärt) war Germania Magna, also das große Germanien, das Gebiet zwischen dem Rhein im Westen, der Donau im Süden, der Nordsee im Norden und der Weichsel im Osten. Dieses Gebiet war nicht römisch beherrscht.

Die Menschen lebten im Großfamilienverband, der Sippe. Zumeist siedelten sie in kleinen Dörfern, mit einem Langhaus und kleineren Wirtschaftsgebäuden. In dem einen Haus lebten alle Menschen zusammen, manchmal auch mit den Tieren, die in einem abgeteilten Bereich schliefen. Die Anwesenheit der Tiere trug in den Wintermonaten zusätzlich zum Heizen bei. Die Dörfer waren kaum befestigt, erst später entstanden vor allem im Grenzgebiet am Rhein befestigte Palisaden und Wälle.

Die Gesellschaft war patriarchalisch organisiert, das heißt, das Oberhaupt war immer männlich. In der Gesellschaft der Stämme war nicht jeder Mensch gleichberechtigt. Es gab Freie, Halbfreie, wie zum Beispiel Knechte, und andere Bedienstete und Sklaven, die überhaupt keine Rechte hatten. Die Frauen lebten mit der Familie ihres Vaters, bis sie mit der Heirat in die Familie des Mannes wechselten. Um sich zu ernähren, betrieben sie Ackerbau und Viehzucht. Ergänzt wurde dies durch Jagd, Sammeln und Handel mit anderen Stämmen. Die Kinder lebten nicht wie heute nur mit Mutter und Vater, sondern mit allen Erwachsenen der Sippe. Dabei waren sie von Anfang an in die Arbeiten eingebunden und lernten so ihre Aufgaben kennen.

Der römische Autor Tacitus beschreibt die Germanen als wilde Kämpfer, aber faule Bauern und Hauswirte. Die Männer würden, außer im Krieg, nur faulenzen und alle Arbeiten den Frauen, Kindern und Alten überlassen. Dazu ist es wichtig zu wissen, dass Tacitus die Germanen nicht selbst kannte – er zog seine Kenntnisse aus Caesars Beschreibungen aus dem Gallischen Krieg. In der Welt der germanischen Stämme gab es viele

Götter, teilweise von Stamm zu Stamm verschiedene. Die tapferen Krieger kamen zum Gott Odin nach Walhalla, wo sie ewig ihre Siege feierten.

Die Germanen kannten keinen König, jede Sippe hatte ihren Anführer und im Falle eines größeren Konflikts schlossen sich verschiedene Sippen und manchmal auch verschiedene Stämme zusammen. In diesem Fall wurde ein Anführer für die Dauer des Krieges bestimmt. Erst im Lauf der Zeit entwickelte sich ein Königtum, wie wir es heute kennen. Noch heute kennen und benutzen wir die Namen einiger Stämme: die Friesen, die Franken und die Sachsen sind dir sicher ein Begriff. Das Wort Bayern stammt vom Wort Bajuwaren ab, so wurde der in diesem Gebiet ansässige Stamm genannt. Die Namen überdauerten die Entwicklung von einer Stammesgesellschaft zu verschiedenen Königreichen und schließlich zu Nationen.

Aber warum genau schrieben die Römer und Griechen so viel über die Germanen? Das römische Kaiserreich befand sich zu diesem Zeitpunkt in der Ausdehnung. Immer mehr Gebiete in alle Richtungen wurden erobert und besetzt. Diese Gebiete wurden dann als Provinzen in das römische Reich eingegliedert, mussten Tribute zahlen und finanzierten damit das Reich.

Gaius Julius Caesar, der spätere Herrscher von Rom, führte um 50 v. Chr. Feldzüge und Kriege in Gallien, was in etwa dem Gebiet des heutigen Frankreichs entspricht. Trotz einiger Versuche seitens der römischen Legionen konnte auch Caesar keine dauerhafte römische Präsenz in Germanien, auf der anderen Seite des Rheins, aufbauen.

Seit dieser Zeit galt für die Römer der Rhein als die Grenze ihrer Herrschaft. Um den Frieden der Stämme im Grenzgebiet zu garantieren, nahmen die Römer Kinder aus den führenden Familien der Stämme mit nach Rom und erzogen sie dort als Römer. Diese Kinder sollten später als Erwachsene ihre Stämme im Sinne des römischen Reichs anführen und Rom damit langwierige Kriege ersparen. Eines dieser Kinder war der Junge Arminius, oder Herrmann, aus dem Stamm der Cherusker. Arminius kehrte im Jahre 7 n. Chr. nach Germanien zurück, nachdem er in Rom zum

Offizier ausgebildet worden war. Im Jahre 9 n. Chr. schickte der römische Kaiser Augustus den Feldherrn Publius Quinctilius Varus mit drei Legionen (das sind etwa 15.000 bis 20.000 Männer) über den Rhein in das bisher unbeherrschte Germania Magna. Varus sollte über den Rhein setzen und von dort durch das Land der Cherusker bis an die Weser gelangen, um dieses Gebiet für Rom zu erobern. Arminius spionierte die Pläne des Statthalters Varus aus und führte dann einen Aufstand gegen die Herrschaft der Römer an. Varus, der mit seinen Legionen gerufen wurde, um den Aufstand zu beenden, wurde auf dem Weg dorthin von Arminius in einen Hinterhalt gelockt und vernichtend geschlagen. Arminius gelang es, alle römischen Befestigungen auf der rechten Seite des Rheins zu vernichten. Der Aufstand dauerte, mit mehreren Zeiten ohne aktive Kämpfe, bis in das Jahr 16 n. Chr. In diesem Jahr gab der Kaiser in Rom seine Versuche einer Eroberung Germaniens endgültig auf, auch wenn einige einzelne Lager und Marschrouten noch bis in das 2. Jahrhundert n. Chr. genutzt worden.

Ungefähr zu dieser Zeit begannen sich aus den vielen kleinen Stämmen größere Stammesgruppen zu bilden. Diese größeren Stammesverbände spielten weitere 200 Jahre später tragende Rollen in der Entstehung des römisch-deutschen Reichs. Für den Moment aber veränderte sich erst einmal die gesellschaftliche Zusammensetzung der Stämme. Im 3. Jahrhundert begannen die germanischen Großverbände, mehr Druck auf die römischen Besatzer auf der linken Seite des Rheins auszuüben. Mehr und mehr Angehörige germanischer Stämme siedelten sich dort an, nahmen Teile der römischen Kultur an und gaben Teile ihrer Sitten und Gebräuche an die Römer weiter.

Etwa 100 Jahre später begann etwas, das heute von der Forschung noch nicht ganz durchschaut wurde: die Zeit der Völkerwanderung. Auch, wenn der Name es andeutet, waren natürlich nicht ganze Völker auf der Reise, zumal es Völker im heutigen Sinne noch nicht gab, sondern gemischte Gruppen aus ganz Mittel- und Südeuropa. Was genau die Menschen in Bewegung setzte, ist nicht geklärt. Klar ist, dass Rom und das

Weströmische Reich sich in Bürgerkriegen und Aufständen verzehrte und von Osten das Reitervolk der Hunnen in Europa einbrach. Die Zeit der Völkerwanderung dauerte ungefähr von 375 bis 568 und ist damit auch der Übergang zwischen der klassischen Antike und dem frühen Mittelalter.

Wenn keine Völker wanderten, wer war dann unterwegs? Einige der wandernden Gruppen waren kleinere oder größere Verbände von Kriegern auf Raubzügen, andere waren ehemalige Hilfstruppen des zusammenbrechenden römischen Reichs, die nach Land zum Siedeln oder einem neuen Herren Ausschau hielten. Dabei bildeten sich nach und nach eigene kleine Reiche, da aus Rom keine Befehle mehr kamen und die Söldner ein Auskommen brauchten. Die dritte Gruppe bildeten Flüchtlinge, die vor dem Einfall der Hunnen ihre Gebiete im Osten verlassen hatten und nun auf neues Land hofften.

Auch in dieser Zeit des Übergangs und der Veränderung waren sich die germanischen Stämme nicht einig, auch wenn sie alle in Richtung Süden und Westen zogen. Kämpfe und Streitigkeiten untereinander verhinderten lange Zeit ein einheitliches germanisches Reich. Zu den Wanderungen und Bürgerkriegen kam der religiöse Umbruch: Das Christentum begann, sich zu verbreiten. Seit dem 4. Jahrhundert waren die Lehren des Jesus von Nazareth Staatsreligion im römischen Reich, nun begann der Siegeszug des Christentums auch im Gebiet der germanischen Stämme. Vor allem ein Mann trug in dieser Frühzeit des Christentums dazu bei: Chlodwig, ein Fürst des Stammes der Franken.

Chlodwig war ein kluger und skrupelloser Mann, dem es gelang, sich selbst in die Stellung eines Königs der Franken zu erheben. Die anderen Stammesfürsten ließ er ermorden, bestach oder bedrohte sie. Um 500 n. Chr. entstand so aus den Gebieten der Alemannen, Westgoten, Gallier und Burgunder das Frankenreich. Dies markiert offiziell den Beginn des europäischen Mittelalters.

Das Mittelalter: Von Bauern, Rittern und Königen

Der Begriff des Mittelalters birgt dieselbe Problematik wie die anderen Namen für Epochen. Du erinnerst dich sicher an das Problem mit der Benennung der Bronze- und Eisenzeit? Auch das Mittelalter begann nicht einfach so und es begann nicht überall gleichzeitig oder zeigte überall dieselben Anzeichen.

Generell meint Mittelalter in etwa die Zeit zwischen 500 und 1500 n. Chr. Da dies ein langer Zeitraum ist, wird unterteilt in das Frühmittelalter (500 bis etwa 1000/1050), das Hochmittelalter (1000/1050 bis etwa 1250) und das Spätmittelalter (1250 bis 1500). Dieses Kapitel folgt dieser Aufteilung, denn obwohl die großen Entwicklungen sich über mehrere Zeiträume erstrecken können, ist es doch einfacher, kleinere Abschnitte zu verstehen.

Chlodwig hatte es also geschafft, sich als König an die Spitze der Franken zu stellen und ein Gebiet zu erobern, das in etwa dem heutigen Deutschland und Frankreich entsprach. Chlodwig war Angehöriger des

Geschlechtes der Merowinger. Er und seine Nachfahren regierten das fränkische Reich über 200 Jahre. Chlodwig ließ sich zu Beginn des 6. Jahrhunderts christlich taufen. Dieses hatte mehrere Dinge zur Folge: Zuerst verringerte die Taufe die Spannung zwischen der Bevölkerung des gallischen Teils des Reichs, die größtenteils getauft war, und den Franken. Zum Zweiten begründete diese Taufe die Verknüpfung von weltlicher und geistlicher Herrschaft, also von König und Kirche. Dies gab dem König eine zusätzliche Stütze für seine Macht. Zuletzt ging mit dem Titel als christlicher König eine Verpflichtung zur Mission einher. Das bedeutet, dass der König das Christentum zu den Nicht-Christen inner- und außerhalb seines Reichs bringen sollte. Dies wiederum bot Chlodwig und den nachfolgenden Königen eine Berechtigung für weitere Eroberungen.

Chlodwig teilte das Reich unter seinen vier Söhnen auf, die es nach seinem Tod gemeinsam regieren sollten. Drei der Brüder starben, sodass das Reich wieder unter der Herrschaft eines Königs stand, zumindest, bis es nach dessen Tod von Bruderkriegen zerrissen wurde. Erst 613 n. Chr. wurde das Reich wieder vereinigt. Inzwischen hatten die Verwalter der Merowinger an Macht gewonnen. Die Könige des Mittelalters hatten keinen festen Palast, sondern reisten umher und herrschten von verschiedenen Orten aus. Da es noch keine zuverlässige Briefpost gab und die meisten Menschen sowieso nicht lesen oder schreiben konnten, mussten die Herrscher ihre Anordnungen direkt geben und sich die Bitten und Probleme der Menschen anhören können.

Da der König nicht immer am selben Ort, auch nicht auf seiner eigenen Burg, war, gab es die sogenannten Hausmeier, also Bedienstete, die die Geschäfte verwalteten. Diese Ämter umfassten bald mehr und mehr Macht, bis die Hausmeier der Merowinger das Reich faktisch selbst regierten – obwohl noch immer ein Merowinger auf dem Thron saß.

Einer der berühmtesten Könige des frühen Mittelalters ist Karl Martell, nur dass Karl kein König war. Zum Zeitpunkt seiner Regierung war er der Hausmeier der Merowinger, also der vom König bestellte Verwalter des Reichs. Das Amt des Hausmeiers musste Karl Martell sich erkämpfen, unter anderem durch die Belagerung von Köln, wo Karl Martells Stiefmutter den Königsschatz der Merowinger bewachen ließ. Karl Martell erzwang die Übergabe des Schatzes und ließ sich dann von Chlothar IV., dem letzten König der Merowinger, formell zum Hausmeier ernennen. Karl Martell vergrößerte das Frankenreich um Gebiete im heutigen Friesland und Sachsen. Auch die Alemannen wurden unterworfen, Thüringen und Mainfranken konnten dem Reich ohne Kämpfe eingegliedert werden. Zum Ende seiner Herrschaft erstreckte sich das Reich über das heutige Deutschland, Frankreich, Teile Spaniens und Italiens bis in den Balkan hinein und nach Polen.

Karl Martell regierte wie ein König, auch wenn er zumindest dem Gesetz nach keiner war. Karl begann die Praxis, Bischöfe und Äbte in Klöstern und Bistümern einzusetzen. Dieses Vorgehen sicherte ihm den Rückhalt der Kirche, denn natürlich wollten die Bischöfe und Äbte im Amt bleiben und nicht wieder abgesetzt werden. Die Verbindung mit der Kirche war es auch, die im Jahre 751 n. Chr. die Absetzung des letzten Königs der Merowinger möglich machte. Mit der Unterstützung des Papstes wurde Karl Martells Sohn, Pippin der Jüngere, von den Adligen zum König ernannt.

Damit begann die Herrschaft der Karolinger, benannt nach Karl Martell. Der bekannteste Karolinger ist Karl der Große. Er regierte von 768 bis 814 das fränkische Reich, das unter ihm seine größte Ausdehnung erreichte und zu einer Großmacht aufstieg. Unter Karls Führung wurden die Sachsen unterworfen und christianisiert. Dieser Krieg allein dauerte, mit einigen Unterbrechungen, 32 Jahre. Auch die Langobarden im Süden sowie die Dänen, Awaren und die Reste des Stammesherzogtums Baiern wurden unterworfen und dem Reich einverleibt. Das Frankenreich unter Karl dem Großen bildete den Mittelpunkt des lateinischen Christentums und, mit der Salbung Karls zum Kaiser zu Weihnachten 800 n. Chr., eine Erneuerung des Kaisertums in Westeuropa. Seiner Bildungsreform verdanken wir die Überlieferung liturgischer Bücher, den karolingischen Kalender und die Einrichtung von Kloster-Bibliotheken.

Auf Karl den Großen folgte sein Sohn Ludwig der Fromme als Kaiser, der sich Kämpfen mit seinen eigenen Söhnen stellen musste, die nach dem Tod Ludwigs das Reich formal teilten. Erst 885 wurde das Reich kurzfristig wieder vereint, aber schon 911 war die Herrschaft der Karolinger beendet. Acht Jahre lang regierte Konrad I., dann übernahm Heinrich I., der Herzog der Sachsen, die Königskrone.

Mit Heinrich I. beginnt die Herrschaft der Liudolfinger, die später Ottonen genannt wurden. Mit den Ottonen beginnt die Entstehung des Heiligen Römischen Reichs und der Aufstieg des ostfränkischen Reichs. Heinrich I. verteidigte sein Reich erfolgreich gegen die Ungarn und erreichte eine gewisse Stabilität des Reichs, indem er seinen Sohn Otto zum Nachfolger bestimmte. Zuvor waren die Könige von den Adligen gewählt worden, nun bestimmte der regierende König seinen Erben. Dies war ein großer Schritt auf dem Weg zur Stabilisierung des Reichs, denn es sollte Bruderkriege um den Königsthron verhindern, die das Reich auseinandergerissen hätten.

Über die Königsherrschaft im Mittelalter wird gesagt, es handele sich um eine Herrschaft ohne Staat. Was bedeutet das? Der König war das Oberhaupt des Reichs. Er war gleichzeitig der Herrscher, der oberste Richter, verantwortlich für den Frieden im Reich und höchste Entscheidungsgewalt. Es gab keine einheitliche Verwaltung, keine schriftlichen Gesetze und keine Gleichheit der Menschen vor dem Gesetz. Die Ottonen herrschten wie ihre Vorgänger, als Reise-Kaiser. Zudem bauten sie die Verbindung zwischen König und Kirche weiter aus. Dies nennt man das Reichskirchensystem. Der König hatte das Recht, Bischöfe zu ernennen oder abzusetzen. Im Gegenzug für die Unterstützung des Königs, etwa die Beherbergung auf Reisen und das Stellen von Männern im Krieg, erhielten die Bischöfe Land und Grafenrechte, das bedeutet, dass sie ihr Land bewirtschaften und die Erträge behalten durften.

Unter Otto I. wurde das Reich um Teile Italiens vergrößert und die Außengrenzen im Osten gegen die Ungarn gesichert. Otto I. wurde 962 zum Kaiser gekrönt und erreichte eine Heirat seines Sohnes Otto II. mit Theophanu, der Nichte des byzantinischen Kaisers. Damit verband er die weströmische Kaiserwürde mit der oströmischen und eine verwandtschaftliche Verbindung zu der zweiten Großmacht Byzanz. Otto II. verlor Teile des Reichs an die Slawen und starb ohne erwachsenen Nachfolger. Otto III. war erst drei Jahre alt und seine Mutter Theophanu übernahm die Regierungsgeschäfte im Reich, bis er alt genug war zu regieren. Auf Otto III. folgte Heinrich II., der bis 1024 regierte und damit der letzte König des Frühmittelalters war. Er baute das Reichskirchensystem noch intensiver aus und musste weiterhin Konflikte mit Ungarn bestreiten.

Der Beginn des Hochmittelalters sah zuerst einen größeren Konflikt zwischen Kirche und König. Konrad II. stabilisierte die Macht des Königs, was seinen Nachfolger Heinrich III. selbstbewusster werden ließ, seine Macht auch gegen den Papst auszuüben. Mit Blick auf den Streit innerhalb der Kirche, in der es zu diesem Zeitpunkt drei rivalisierende Päpste gab, setzte Heinrich III. alle drei ab und erklärte Clemens II. zum Papst, der ihn im Gegenzug zum Kaiser krönte. Nicht alle Reichsfürsten waren mit dieser Form der Herrschaft einverstanden.

Unter Heinrich IV. eskalierte der sogenannte Investiturstreit. Die Kirche, allen voran der amtierende Papst, wollte ihre eigenen Kandidaten als Bischöfe sehen und sich nicht mehr von den weltlichen Herrschern bei der Auswahl und Einsetzung übergehen lassen. Heinrich IV. dagegen sah seine Machtstellung und die Unterstützung der Kirche schwinden und erklärte den amtierenden Papst für abgesetzt. Gregor VII. antwortete mit einem Kirchenbann. Dies bedeutete, dass Heinrich IV. effektiv aus der christlichen Gesellschaft ausgeschlossen wurde und das war die gesamte Gesellschaft des Mittelalters. Heinrich IV. musste zur Burg Canossa pilgern und den Papst um Verzeihung bitten, um den Bann zu lösen. Dies ist der sogenannte Gang nach Canossa. Trotzdem setzte der König den Papst einige

Jahre später erneut ab, wurde aber von seinem Sohn Heinrich V., der sich mit den Reichsfürsten gegen den Vater verbündete, abgesetzt. Nach dem Tod Heinrichs IV. erreichte sein Sohn Heinrich V. einen Ausgleich mit der Kirche, auch wenn die Machtstellung der Könige erheblich darunter litt.

Nachdem mit Heinrich V. die Dynastie der Salier geendet hatte, übernahmen ab 1138 die sogenannten Staufer die Macht und hielten sie bis zu Beginn des Spätmittelalters. Das 12. Jahrhundert war das Jahrhundert der Kreuzzüge, sowohl in Richtung Jerusalem als auch in den Osten des Reichs gegen die Slawen und Wenden und auch das Jahrhundert des Konflikts von Kaiser und Papst. Als es zu einer doppelten Kaiserwahl im Jahr 1197 kam, unterstützte der Papst einen dritten Kandidaten, den Staufer Friedrich II. Obwohl Friedrich II. sich schließlich durchsetzen konnte, setzte sich der Konflikt fort. Der Papst sprach einen Kirchenbann aus, den er später zurücknahm, und Friedrich II. entzog sich dem Zugriff des Papstes, indem er nach Jerusalem reiste. Selbst nach dem Tod des Kaisers kämpfte der Papst weiter gegen die Staufer. 1268 endete die Dynastie mit dem Tod Konrads von Staufen.

In das Spätmittelalter fallen die großen Krisen des 14. Jahrhunderts. Drei Familien, die Luxemburger, Wittelsbacher und Habsburger, kämpften um die Vormacht im Reich. Außerdem kam es Hungersnöten, ausgelöst unter anderem durch das Wachstum der Bevölkerung in den vorhergehenden Jahren und einer einbrechenden Kältezeit, die die Ernten empfindlich verringerte. Das verheerendste Ereignis war sicher der Schwarze Tod, die Pestwelle, die 1348 bis 1353 ein Drittel der Bevölkerung tötete.

In die Zeit des Schwarzen Tods fallen die schwersten Pogrome gegen die jüdische Bevölkerung der mittelalterlichen Städte. Die Juden galten als Außenseiter und waren damit für die verängstigten Menschen die Sündenböcke für die schrecklichen Ereignisse. Die Kirche erlebte ebenfalls eine schwerwiegende Erschütterung: Das Große Abendländische Schisma, die Spaltung der weströmischen Kirche in zwei konkurrierende Fraktionen: Es gab einen Papst im französischen Avignon und einen Papst in Rom. Diese

Spaltung konnte erst 1417 beendet werden, durch Intervention des Königs Sigismund von Luxemburg. Trotz all dieser Krisen wuchsen die Städte und wurden reicher und mächtiger, nicht zuletzt durch den florierenden Handel mit der Hanse.

Die Hanse war zuallererst eine Vereinigung von Kaufleuten, die sich zusammenschlossen, um ihre wirtschaftlichen Interessen durchzusetzen. Mit der Zeit entwickelte die Hanse sich zu einer wirtschaftlichen, politischen und kulturellen Großmacht, die Kriege führte, über Königswahlen bestimmen und durch ihre Verbindung mit dem Deutschen Orden eine militärische Bedrohung darstellen konnte. Die Hanse war vornehmlich im Raum der Nordsee und Ostsee aktiv, aber auch Köln war ein mächtiges Mitglied. Der Einflussbereich der Hanse reichte von Flandern, dem heutigen nördlichen Belgien, bis Reval im heutigen Estland. Der Handel der Hanse trug wesentlich zum Aufstieg der Städte als politische Mächte bei.

Im letzten Teil des Hochmittelalters erlosch die Königsmacht langsam. Zu Anfang des Spätmittelalters kam es sogar zu einer Zeit ohne König. Das sogenannte Interregnum, übersetzt „zwischen den Herrschenden", dauerte von 1254 bis 1273. Obwohl sogar zwei Könige gleichzeitig gewählt wurden, fühlten die Menschen des Reichs sich königslos – Richard von Cornwall, der erste gewählte König, hielt sich kaum im Reich auf, Alfons von Kastilien besuchte es nie.

Ab 1273 regierte der erste Habsburger König, Rudolf. Dieser erste König aus dem Haus Habsburg begünstigte die Entwicklung des Hauses zu einer der mächtigsten europäischen Dynastien. In dieser Zeit entwickelte sich auch aus einer Gruppe der mächtigsten Reichsfürsten die späteren Kurfürsten, die allein das Recht hatten, den König zu wählen. Schon jetzt begannen die Könige, sich mehr und mehr auf ihre Hausmacht zu stützen und nicht mehr auf die Autorität als König. Hausmacht bedeutet, dass sie sich auf den Besitz und die politische Macht ihres eigenen Hauses, also ihrer Familie, verließen. Die verschiedenen drei Häuser Wittelsbach, Luxemburg und Habsburg konkurrierten heftig um die Königswürde und arbeiteten gleichzeitig am Ausbau ihrer Hausmacht, um als König auch regieren zu können.

Ab 1378 begann der Aufstieg des Hauses Habsburg. Von 1438 an stellten sie für 300 Jahre den König des Heiligen Römischen Reichs. Unter Friedrich III. von Habsburg wurden die Beziehungen zwischen dem König und den Reichsgliedern, sprich den einzelnen Fürstentümern und adeligen Machthabern, enger. 1495 kam es zu einer tiefgehenden Reichsreform. Der sogenannte Landfriede beendete das Fehderecht des Mittelalters, mit dem Kammergericht entstand ein oberstes Gericht des Reichs und mit dem Gemeinen Pfennig kam eine erste allgemeine Reichssteuer. All dies sind erste Vorläufer unseres heutigen Rechtsstaats. Außerdem wurde damit der Reichstag als Prinzip gefestigt: Die Adeligen des Reichs mussten und sollten sich daran gewöhnen, miteinander zu arbeiten und gemeinsam Politik zu machen, anstatt einzeln Entscheidungen zu treffen. Dieser Reichstag trieb die Staatsbildung maßgeblich voran und markiert unter anderem den Übergang zur Neuzeit.

Welche Punkte markieren den Übergang vom späten Mittelalter in die Neuzeit? Wie bei allen Abgrenzungen von Epochen: Es kommt darauf an. Politisch relevant waren sicher der Reichstag von Worms, die (Wieder-)Entdeckung Amerikas 1492 oder die Eroberung Konstantinopels durch die Osmanen 1453 sowie der Beginn der Reformation 1517. Kulturell sind es die Erfindung des Buchdrucks und die Wiederentdeckung der Antike als Vorbild, die sogenannte Renaissance. Du wirst sehen, dass dieses Jahresangaben einen Zeitraum von 64 Jahren haben. Dieses Buch startet das Kapitel zur Neuzeit im Jahr 1500, was die klassische Angabe von Historikern ist.

Die Neuzeit

Die Neuzeit umfasst den Zeitraum von 1500 bis 1918 und wird auch in die frühe Neuzeit von 1500 bis 1789 und die Neuzeit von 1790 bis 1918 eingeteilt. Im Jahr 1500 war der Habsburger Maximilian I. der römisch-deutsche König. Durch die Heirat seines Sohnes Philipp mit der spanischen Erbin kamen die Besitzungen und die Macht der spanischen Krone in den Besitz der Habsburger. Auch Böhmen und Ungarn wurden durch geschickte Heiraten dem Reich einverleibt. Das große Ereignis des 16. Jahrhunderts ist sicher die Reformation mit der Gegenreformation.

DIE FRÜHE NEUZEIT

Martin Luther, ein Augustinermönch, schlug 1517 seine 95 Thesen gegen den Ablasshandel an die Kirchentür in Wittenberg. Ablasshandel meint das Erkaufen des Seelenheils eines Menschen mit Geld. Luther war der Ansicht, dass allein die Gnadenzusage Gottes darüber entscheiden sollte, ob eine Seele nach dem Tod in den Himmel oder in die Hölle kam. Mit seinen Thesen löste Martin Luther die Reformation aus. Die Reformation meint die Aufteilung des westlichen Christentums in die verschiedenen

Konfessionen katholisch, reformiert und lutherisch. Da König Karl V. sich auf Kriege an den Außengrenzen des Reichs konzentrieren musste, konnte er die Reformation nicht verhindern.

Zusätzlich zu den Wirren und Kämpfen, die durch Konflikte zwischen den drei Konfessionen ausgelöst wurden, kam es in den Jahren 1524 bis 1526 zum Bauernkrieg. Die Situation der Bauern hatte schon vorher zu Aufständen geführt, diese waren aber regional begrenzt gewesen. Der Bauernkrieg, so genannt, obwohl auch Bergleute und Städter beteiligt waren, tobte großflächig auf dem Gebiet des heutigen Süddeutschlands, Österreichs, Thüringens und der Schweiz. Die Bauernarmee wurde schon 1525 vernichtend geschlagen, kleinere Kämpfe tobten aber noch bis 1526. Zu den ersten Kämpfen zwischen den Konfessionen kam es erstmals 1546. Der katholische Kaiser Karl V. gewann zwar die Kämpfe, konnte aber seine Ziele nicht durchsetzen. Er musste 1556 den Thron räumen. Die spanischen Besitzungen der Habsburger gingen an seinen Sohn Philipp II., den römisch-deutschen Thron erhielt sein Bruder Ferdinand II. Dieser hatte bereits ein Jahr zuvor den Augsburger Religionsfrieden verhandelt. Dieser besagte, kurz gefasst, dass der Landesfürst das Recht hat, den Einwohnern seines Gebietes die Religion vorzuschreiben – war der Herrscher katholisch, mussten auch die Einwohner katholisch sein.

Während in Frankreich die Hugenottenkriege tobten, hielten Ferdinand II. und sein Nachfolger Maximilian II. es mit einer im Vergleich liberalen Religionspolitik. Trotzdem schlossen sich, um ihre Interessenwahrung zu sichern, 1608 die protestantischen Fürsten zur protestantischen Union zusammen und 1609 die katholischen Fürsten zur Katholischen Liga. Im zentralisierten Frankreich wollten die Könige den Katholizismus durchsetzen und erhalten, während im zersplitterten Deutschen Reich unter den einzelnen Landesfürsten verschiedene Konfessionen möglich waren. Unter Rudolf II. kam es 1568 bis 1648 zum achtzigjährigen Krieg, an dessen Ende die heutigen Niederlande und die Spanischen Niederlande, die später zu Belgien wurden, sich vom Heiligen Römischen Reich abspalteten.

Während der achtzigjährige Krieg schon lange wütete, brach ein weiterer Krieg aus, der als ein Religionskrieg begann, aber als Territorialkonflikt endete. Die Rede ist vom Dreißigjährigen Krieg, an dessen Ende in vielen Teilen des Reichs nur ein Drittel der Bevölkerung noch am Leben war. Der Krieg wurde ausgelöst durch den sogenannten Prager Fenstersturz, der der bisherige Höhepunkt des Aufstandes der böhmischen Stände war. Die Stände, nichts anderes als die böhmischen Adeligen, meist Protestanten, fühlten sich durch die von Kaiser Matthias verstärkte Gegenreformation in ihrer verbrieften Religionsfreiheit verletzt. Am 23. Mai 1618 warfen Vertreter der Stände die königlichen Statthalter sowie den Sekretär aus dem Fenster der Hofkanzlei. Die böhmischen Aufständischen konnten die protestantische Union für sich gewinnen, während die deutschen Habsburger sich an die Katholische Liga wandten.

Zusätzlich zum Krieg in Böhmen brach Spanien aus Flandern in das Reich ein, wo es protestantische Truppen erwarteten, die aber nach anfänglichen Erfolgen vernichtend geschlagen wurden. Auch in den Niederlanden begannen die Kämpfe erneut, nachdem Spanien weiterhin versucht hatte, die Unabhängigkeitsbestrebungen niederzukämpfen.

1623 erreichten die Kampfhandlungen Norddeutschland. Die Gründung der Haager Allianz 1625 zwischen Dänemark, den Niederlanden und England sollte den protestantischen Norden gegen den katholischen Kaiser sichern. Der Kaiser, der sich durch diese Allianz und deren Besetzung von Verden und Nienburg, die nicht zum ursprünglichen Gebiet der Dänen gehörten, bedroht fühlte, erhob Albrecht von Wallenstein zum Herzog und ließ ihn ein Heer von 24.000 Mann ausheben. Dieses Heer wuchs durch Verstärkungen aus anderen Landesteilen zum Jahresende 1625 auf 50.000 Mann an. Schon vier Jahre später musste Dänemark aus dem Krieg ausscheiden und einen Friedensvertrag unterzeichnen. Alle mit Dänemark verbündeten Adeligen wurden abgesetzt, außerdem mussten alle von den protestantischen Herrschern enteigneten kirchlichen Besitztümer erstattet werden – rückwirkend von 1555 an.

Das Edikt hätte der protestantischen Seite den Todesstoß verabreichen sollen, erneuerte aber ihren Widerstand und stellte damit einen Wendepunkt des Krieges dar. Ein weiterer Kriegsschauplatz war Mantua, in dem Kaiser Ferdinand II. die Spanier unterstützte. Die dort eingesetzten Truppen fehlten am Ende im Krieg im Deutschen Reich, zudem ging Mantua an Italien verloren.

In Nordeuropa betrat nun Schweden den Kriegsschauplatz und konnte 1631 die katholischen Truppen vernichtend schlagen und in der Folge bis nach Süddeutschland marschieren. Dort stellte Ferdinand II. wieder ein Heer auf, um Böhmen und Bayern zu schützen. Erst 1634 konnten die Schweden geschlagen und zum Rückzug gezwungen werden. Erst jetzt mischte Frankreich sich aktiv in den Krieg ein und begann, ebenfalls eigene Truppen auf das Gebiet des Reichs zu schicken. 1637 starb der Kaiser und sein Sohn Ferdinand III. übernahm den Thron. Er drängte auf einen friedlichen Ausgleich und die Beendigung der Kämpfe, konnte sich aber nicht durchsetzen.

Erst 1640 war wieder ein gemeinsamer Reichstag möglich, der den protestantischen Adeligen die Möglichkeit der Repräsentation zurückgab. Trotzdem kam es erst ab 1643 zu Friedensverhandlungen zwischen dem Deutschen Reich, Frankreich und Schweden. Die Verhandlungen dauerten 5 Jahre, während derer immer noch gekämpft wurde. Der Dreißigjährige Krieg endete mit dem Westfälischen Frieden 1648. Das Reich war verwüstet durch die Kämpfe, geplündert von umherziehenden Heeren und entvölkert durch Hungersnöte, Seuchen und Kriegstote. Neben verschiedenen Sonderregelungen für die Streitfragen der Religion und dem Aufstieg Schwedens zur Großmacht hatten dreißig Jahre Krieg und Kampf wenig Änderungen herbeigeführt. Das Heilige Römische Reich bestand nun aus 382 verschiedenen Territorien und war im Gegensatz zu den absolut regierten Reichen Frankreich und Spanien eine Mischform aus Monarchie und losem Staatenbund.

In der letzten Phase der frühen Neuzeit, vom Dreißigjährigen Krieg bis zur Französischen Revolution, musste sich das Reich zunächst regenerieren. Die Bevölkerungsverluste und die Zerstörungen des Krieges brauchten bis 1750, um wieder ausgeglichen zu werden. Um diese Verluste auszugleichen, musste der Kaiser stärker als zuvor in die Belange des gesamten Reichs eingreifen. Langsam, aber sicher entstand so der Absolutismus, wie er in Frankreich und Spanien bereits herrschte.

Außerhalb des Reichs begann der schnelle Aufstieg einer weiteren Macht: Brandenburg-Preußen unter Kurfürst Friedrich Wilhelm sollte die Politik des Deutschen Reichs bis weit in das 19. Jahrhundert hinein bestimmen. Von 1658 an regierte Kaiser Leopold I., der das Reich gegen die Osmanen und die französische Expansion verteidigen musste. Nachdem er 1683 die Osmanen bei Wien vernichtend schlagen konnte, musste er im Westen anerkennen, dass Frankreich Gebiete im Elsass und Straßburg besetzt hatte. Dies wurde vorübergehend geduldet, da der Kaiser sich keinen Zweifrontenkrieg leisten konnte. In Spanien starb die Habsburgische Linie 1701 aus, was den Spanischen Erbfolgekrieg auslöste. Im selben Jahr krönte der preußische Kurfürst Friedrich sich selbst zu König Friedrich I. von Preußen. Da Kaiser Leopold I. dringend Truppen für den Krieg in Spanien benötigte, erkannte er Friedrich I. als König an – gegen die Zahlung von 200 Millionen Talern und Truppen für die Reichsarmee.

Der Krieg endete mit dem österreichischen Haus Habsburg als Großmacht: Zusätzlich zu den vorherigen Besitzungen fielen die Spanischen Niederlande, das Herzogtum Mailand und die Königreiche Neapel und Sardinien an Habsburg. 1740 starb das Haus Habsburg im Mannesstamm aus. Dies bedeutet, dass es keinen männlichen Erben mehr gab. Es gab aber Maria Theresia, die Tochter des letzten Habsburger Kaisers Karl IV. Sie verteidigte die Kaiserkrone mit britischer Hilfe und schaffte es, ihren Mann Franz I. 1745 zum Kaiser krönen zu lassen. Schlesien wurde der aufstrebenden Großmacht Preußen einverleibt, das unter Friedrich dem Großen an Macht und Land gewann.

Die Aufklärung begann nun, im Deutschen Reich Fuß zu fassen. Vernunft und rationales Denken sollten Schwierigkeiten beseitigen anstelle roher Gewalt. Die Naturwissenschaften gewannen an Bedeutung und Bildung, Frauenrechte und Menschenrechte begannen, als Themen relevant zu werden. Die Bürger hatten sich als Stand zwischen den Bauern und den Adligen entwickelt. Sie forderten immer selbstbewusster ihre Rechte ein, die ihnen von Adel und König verweigert wurden. Dieser Konflikt gipfelte 1789 in der Französischen Revolution. Am 14. Juli 1789 stürmten Pariser Bürger das Gefängnis Bastille. Dies war der Auftakt zum Kampf für eine konstitutionelle Monarchie und die Bürgerrechte. Mit der Französischen Revolution beginnt nicht nur die Neuzeit, sondern auch das sogenannte „Lange 19. Jahrhundert".

DIE „SPÄTE" NEUZEIT

Das „Lange 19. Jahrhundert" beschreibt die Zeit von 1789 bis 1914. Die Entwicklungen dieser Zeit können nicht getrennt voneinander betrachtet werden, daher werden sie in der Geschichtswissenschaft als ein langer, zusammenhängender Zeitraum behandelt.

Die Französische Revolution wurde von den Herrschern im, wie es nun genannt wurde, Heiligen Römischen Reich Deutscher Nation, mit Misstrauen beobachtet. Die aus Frankreich geflohenen Adeligen schürten die Stimmung weiter gegen die Revolution. Aus den Kämpfen in Frankreich ging Napoleon Bonaparte als Sieger hervor. Durch militärische Erfolge und geschicktes politisches Taktieren machte er sich 1804 zum Kaiser der Franzosen.

Das immer noch nicht einheitlich organisierte Reich war nur in der gemeinsamen Sprache und Kultur eine Einheit. Staatlich war das Reich immer noch ein loser Bund aus Teilstaaten, zusammengehalten von der Regentschaft des Kaisers. 1804 war dies Franz II. von Habsburg-Lothringen, der letzte Kaiser des Heiligen Römischen Reichs. Napoleon begann, das

Reich neu zu ordnen. Alle Besitztümer auf der französischen Seite des Rheins fielen 1801 an Frankreich, 1806 besiegte er Preußen und zog als Sieger in Berlin ein.

Das Heilige Römische Reich Deutscher Nation endete mit der Gründung des Rheinbunds im Juli 1806. 16 deutsche Fürsten schlossen sich zusammen, verbündeten sich mit Napoleon und sagten sich damit vom Reich los. Franz II. dankte als Kaiser ab, womit das Reich endgültig der Vergangenheit angehörte. Das mächtige Preußen wurde mit dem Frieden von Tilsit entscheidend geschwächt, erhielt aber auch neue Impulse, die sich in den preußischen Reformen äußerten. Militär, Wirtschaft und Bildungswesen wurden umstrukturiert, obwohl Preußen geografisch fast halbiert wurde, sollten die Reformen dem preußischen Reich neuen Glanz geben.

Während Preußen seine Reformen umsetzte, schlugen Napoleons Besetzung nach anfänglicher Neutralität und auch Begeisterung nun offener Hass entgegen. Nachdem Napoleon Bonaparte sich in seinem gescheiterten Russlandfeldzug geschwächt hatte, begannen die Befreiungskriege, in denen Russland, Preußen und Österreich am Ende in der Völkerschlacht bei Leipzig im Oktober 1813 Napoleons Besatzung beendeten.

Ein Reich entsteht und vergeht

Ab 1814 begannen die europäischen Herrscher auf dem Wiener Kongress, Europa nach all den Zerstörungen wieder zu ordnen. Das drängendste Problem war es, einen Kompromiss zu finden zwischen der totalen Zersplitterung in viele kleine Reiche, was die deutschen Fürsten nicht wünschten, und einem Großreich, das die ausländischen Herrscher ablehnten.

Der Kompromiss war der Deutsche Bund, in dem sich die Fürsten und Städte Deutschlands sowie der König von Preußen, der Kaiser von Österreich und die Könige der Niederlande und Dänemarks einigten. Dieser Staatenbund umfasste 41 Mitglieder und verfügte über einen Gesandtenkongress, der ständig tagte, in Frankfurt am Main. Die Beschlüsse des Wiener Kongresses waren hauptsächlich restaurativ, das heißt, sie versuchten, den Vorkriegszustand wiederherzustellen.

Zusätzlich zum Deutschen Bund schlossen Friedrich Wilhelm III. von Preußen, Zar Alexander I. von Russland und Kaiser Franz I. von Österreich die sogenannte Heilige Allianz, die den Frieden in Europa durch die Selbstverpflichtung der Mitglieder auf den Grundsatz der christlichen Nächstenliebe sichern sollte. Bis auf den Vatikan, das Osmanische Reich und Großbritannien traten die europäischen Staaten nach und nach dem Bündnis bei.

Der Wiener Kongress sorgte auch für revolutionäre Stimmung im Deutschen Bund. Friedrich III. von Preußen hatte seinen Untertanen mehrfach versprochen, Preußen zu einem Verfassungsstaat zu machen, im Gegensatz zur absoluten Macht, die der König jetzt hatte. Gerade die vielen Freiwilligen, die in den Befreiungskriegen gekämpft hatten, waren sehr unzufrieden damit. Die Stimmung kippte vor allem rund um die neu entstandenen studentischen Burschenschaften, die nun Forderungen nach konstitutionell verbriefter Freiheit, nationaler Einheit, der Eingrenzung des Polizeistaates und gegen die feudal organisierte Gesellschaft stellten.

Das Wartburgfest 1817 verstärkte die Aufbruchstimmung unter den Studenten. Während des Festes entstanden 35 Grundsätze und 12 Beschlüsse, die sich mit Bürgerrechten, Verfassungen, Rede- und Pressefreiheit und Zensur befassten. Unter Fürst von Metternich wurden 1819 die Burschenschaften verboten. Die Karlsbader Beschlüsse führten zu noch strikteren Regeln: Die Universitäten wurden an der freien Lehre gehindert und überwacht, um staatsfeindliche Lehre zu verhindern. Burschenschaften und politische Vereinigungen jedweder Art wurden verboten. Diese Zeit nennt man die Biedermeier-Zeit. Das öffentliche Leben wurde entpolitisiert, Kunst, Geschichte und Naturwissenschaften wurden wichtiger als zuvor, da man sich damit sicher beschäftigen konnte, ohne in den Blick der Geheimpolizei zu geraten.

Revolutionen und Aufbruch

Im Juli 1830 kam es zur Revolution in Frankreich, im November folgte der Aufstand Polens gegen die Vorherrschaft der Russen. In Deutschland kam es erst 1832 wieder zu einer offenen politischen Bewegung, mit dem Hambacher Fest, auf dem Fahnen in den deutschen Farben geschwenkt wurden und die Anwesenden sich zu einem demokratischen und geeinten Deutschland bekannten. Das Hambacher Fest und auch der Widerstand der Professoren der Göttinger Sieben zeigte, dass der Status als Monarchie und immer noch ständisch geordneter Gesellschaft nicht dauerhaft zu halten war.

Die Rheinkrise 1840 führte die deutschen Bürger und König Friedrich Wilhelm IV. noch einmal zusammen: Frankreich erhob Ansprüche auf die deutschen Gebiete links des Rheins und wollte den Rhein als deutsch-französische Grenze ausrufen. Bürger wie König ergriffen die Gelegenheit, den Widerstand gegen die französischen Bestrebungen als Kampf einer geeinten Nation darzustellen. Friedrich Wilhelm IV. übersah dabei, dass nicht nur die politischen Forderungen der Bürger und seine eigenen nicht eingelösten Versprechen den Deutschen Bund langsam zerbrechen ließen. Seit dem Ende der Befreiungskriege war die Bevölkerung angewachsen und die Produktion der Landwirtschaft konnte damit nicht Schritt halten. Armut und Hunger waren die Folge, verstärkt durch geringe Getreideernten und die Kartoffelfäule.

Auch diesmal gingen die Unruhen von Paris aus: Die Februarrevolution 1848 traf auf eine unzufriedene Bevölkerung, den Wunsch nach Veränderung und die Bereitschaft zur Revolution. Im März brannten in Berlin Barrikaden, es kam zu Kämpfen und zu Toten. Friedrich Wilhelm IV. sah sich gezwungen, eine Volksvertretung zu befürworten, wenn auch auf ständischer Grundlage. Dies bedeutete, dass immer noch nur der Adel in der Regierung vertreten war. Sogenannte Märzregierungen wurden ernannt und Gesandte in den Bundestag geschickt. Aus dem Bundestag entstand ein Vorparlament, das den so erneuerten Bundestag beraten durfte.

Im Mai 1848 wurde die Frankfurter Nationalversammlung gewählt, die einen Verfassungsentwurf erarbeiten sollte. Stattdessen begann schon im Juni eine vorläufige Reichsregierung ihre Arbeit und die Nationalversammlung begann mit dem Erlass von Reichsgesetzen und dem Bau einer Flotte – der ersten gesamtdeutschen Flotte überhaupt.

An dieser Stelle stellte sich die Frage nach den Grenzen des neuen Staates. Es gab die sogenannte großdeutsche Lösung, die einen deutschen Nationalstaat mit Österreich als politischer Führung und den Grenzen des Deutschen Bundes plus Österreich vorsah. Beschlossen wurde trotzdem die kleindeutsche Lösung, die aus allen Mitgliedern des Deutschen Bundes, ohne Österreich, unter preußischer Herrschaft bestand. Der preußische König wurde von der Nationalversammlung zum Kaiser gewählt, die er im April 1849 ablehnte. Die Mitgliedschaft in der Versammlung wurde nun von den meisten Herrschern verboten, Abgeordnete, die sich nicht daran hielten, wurden verfolgt, letzte Aufstände wurden niedergeschlagen.

Es blieb bei einem Gedankenanstoß. Die in der Paulskirchenverfassung beschlossenen Grundsätze wurden später in der Weimarer Verfassung und in unserem heutigen Grundgesetz verwirklicht.

1850 wurde der Deutsche Bund erneuert und die revolutionären Ideen der Aufständischen wieder verbannt. Die Zeit von 1850 bis 1914 stand im Zeichen der Industrialisierung, der Gründung des Deutschen Kaiserreichs und der Weltmachtbestrebungen.

Die industrielle Revolution meint den Übergang von der Handanfertigung von Einzelteilen zur industriellen Massenfertigung mit Maschinen. Durch die höhere Anzahl an gefertigten Waren kam der Handel in Schwung, begünstigt durch die Gründung des Deutschen Zollvereins über die Grenzen Preußens hinaus. Das Eisenbahnnetz wurde verstärkt ausgebaut, sowohl was das Schienennetz als auch die Herstellung von Zügen anging.

Österreich, das mit Preußen um die Vormachtstellung im Deutschen Bund konkurrierte, fiel in dem wirtschaftlichen Wettrennen immer weiter zurück. Obwohl Österreich auch gern am Deutschen Zollverein beteiligt gewesen wäre, erfüllte sich dieser Wunsch nicht, denn Preußen lehnte eine Beteiligung Österreichs strikt ab. Österreich war zwar die Präsidialmacht im Deutschen Bund, konnte daraus aber außenpolitisch kein Kapital schlagen, wenn Preußen nicht mitzog: Sowohl der Krimkrieg als auch den zweiten italienischen Unabhängigkeitskrieg verlor Österreich teils mit erheblichen Gebietsverlusten.

Ab 1862 betrat Otto von Bismarck die politische Bühne als preußischer Ministerpräsident. Bismarcks erklärtes Ziel war eine preußische Führung in Deutschland. Seine Bemühungen gipfelten im Deutschen Krieg 1866, dem Kampf Preußens gegen Österreich, den Preußen klar für sich entscheiden konnte. Der Deutsche Bund wurde aufgelöst, der Norddeutsche Bund entstand neu unter Preußens Führung.

Der Norddeutsche Bund zielte von Anfang an auf ein preußisches Kaiserreich. Die Gesetzgebung wurde zentralisiert, die süddeutschen Staaten waren auf Preußen angewiesen, um ihre Waren in die norddeutschen Häfen schaffen zu können.

1870 provozierte Bismarck einen Krieg mit Frankreich, indem er ein Telegramm über ein Gespräch zwischen dem französischen Botschafter und König Wilhelm von Preußen gekürzt an die Presse weitergab. Frankreich hatte entsprechend die Wahl zwischen einem Krieg und einem politischen Machtverlust. Der Krieg dauerte nur ein Jahr und Preußen ging daraus als Sieger hervor. Der Sieg Preußens veranlasste die süddeutschen Staaten, nun doch zum 01. Januar 1871 dem Norddeutschen Bund beizutreten. Am 18. Januar wurde Wilhelm I. in Versailles zum Deutschen Kaiser ausgerufen. Der Norddeutsche Bund war damit Geschichte, das Zweite Deutsche Reich entstand.

Erst im März wurde das Volk in die Vorgänge einbezogen. Die erste Reichstagswahl fand am 03. März 1871 statt. Ein Fünfparteiensystem war schon nach der Revolution 1848 entstanden, diese standen nun auch zur Wahl: Sozialisten, Katholiken, rechte Liberale, Konservative und linke

Liberale. Die am stärksten wachsende Partei waren die Sozialdemokraten, konnten sie doch auf die zahlenmäßig starke Arbeiterschaft im Reich als Mitgliederbasis zurückgreifen.

Bismarck selbst war der Ministerpräsident und entwickelte großes Geschick darin, seine Interessen mithilfe von wechselnden Unterstützern aus den Parteien durchzusetzen. Gestützt wurde seine Macht durch das Vertrauen, das Kaiser Wilhelm I. offen in ihn setzte. Bismarcks Programm war geprägt von Gegensätzen: Liberale Wirtschaftspolitik und ein Einschränken der Macht der katholischen Kirche trafen auf das Erhalten der gesellschaftlichen Verhältnisse und Hierarchien. Er verbot die sozialdemokratische Bewegung, die hauptsächlich von Arbeitern getragen wurde, entwickelte aber die erste Sozialversicherung, die die Arbeiter gegen Krankheit, Unfälle und für die Rente absichern sollte. Die Grundlagen seiner Sozialgesetzgebung wirken bis heute in unseren Gesetzen nach. Nachdem sich Frankreich, Russland und Großbritannien gegen Preußen verbündet hatten, sorgte Bismarck für ein Bündnis mit Österreich-Ungarn. Die deutschen Kolonien in Afrika dagegen fanden in seiner Politik so gut wie keine Beachtung: Sie waren kaum zu verteidigen, hatten keinen politischen Wert, konnten aber allein durch ihre Existenz das Deutsche Reich in Kriege verwickeln.

Bismarck konnte seine Machtposition bis 1888 halten. In diesem Dreikaiserjahr starb zunächst Wilhelm I., dann sein Sohn Friedrich III., bis mit Wilhelm II. der letzte deutsche Kaiser den Thron bestieg. Wilhelm II. entließ Bismarck über Streitigkeiten um innenpolitische Angelegenheiten. In dem nun folgenden wirtschaftlichen Abschwung erhoben sich die alten Vorurteile. Neben den Sozialdemokraten, die aufgrund ihrer politischen Meinung politisch diskriminiert wurden, entstand ein neuer, organisierter Antisemitismus. Parteien, die einzig Antisemitismus als Programm hatten, gründeten sich; Bücher, Abhandlungen und Petitionen mit antisemitischem Inhalt wurden verfasst.

Die schwierige wirtschaftliche Lage änderte sich um 1890, als das Deutsche Kaiserreich sich auf dem zweiten Platz im Welthandel und der Weltindustrieproduktion wiederfand. Das Kaiserreich blühte wirtschaftlich auf, Kaiser Wilhelm II. nutzte dies hauptsächlich für die Aufrüstung seiner Flotte und versuchte beständig, die Kolonien zu erweitern, obwohl beides einer sicheren Außenpolitik entgegenstand.

Die Aufrüstung der Flotte verärgerte England, dass sich von Wilhelms Flottenprogramm provoziert fühlte. Nachdem sich schon Frankreich und Russland verbündet hatten, war es politisch äußerst unklug, sich England zum Feind machen, wie sich bald zeigen sollte. Als Verbündete blieben dem Kaiserreich nur Österreich-Ungarn und Italien, während es ansonsten von Gegnern eingekreist wurde. Schon 1912 forderte Kaiser Wilhelm II. intensivere Kriegsvorbereitungen, während sein Chef des Generalstabes sogar davon sprach, einen Krieg, der an diesem Punkt für unvermeidlich gehalten wurde, so bald als möglich zu führen.

DIE URKATASTROPHE

Die Politik des Säbelrasselns blieb nicht folgenlos. Rivalisierende imperiale Mächte, alte Feindschaften und falsche Einschätzung der Situation führte 1914 direkt in die Katastrophe. Österreich-Ungarn hatte sich in die Vorgänge im Balkan verwickeln lassen und am 28. Juni 1914 wurde der österreichische Thronfolger Franz Ferdinand gemeinsam mit seiner Frau Sophie in Sarajevo ermordet. Als Antwort stellte Österreich-Ungarn ein Ultimatum an Serbien, dass dieses unmöglich annehmen konnte: Österreichische Beamte sollten die Untersuchungen überwachen, Zensur jedweder Propaganda gegen Österreich-Ungarn müsse eingeführt werden und alle Unabhängigkeitsbestrebungen seien sofort zu unterlassen. Wie erwartet lehnte Serbien ab, woraufhin Österreich-Ungarn den Krieg erklärte. Zuvor hatte Kaiser Wilhelm II. Österreich-Ungarn seine Unterstützung zugesichert, egal wofür.

Am 01. August erklärte Deutschland Russland den Krieg, am 03. August Frankreich. Als die deutschen Truppen auf dem Weg nach Frankreich Belgien durchquerten, obwohl dieses neutral war, nahm England dies als Anlass, Deutschland ebenfalls den Krieg zu erklären. Aus einem lokalen Konflikt entwickelte sich der Erste Weltkrieg, die sogenannte Urkatastrophe des 20. Jahrhunderts. Die erste Welle der Kriegsbegeisterung riss ganze Schulklassen vom Klassenraum direkt in die Armee. Die Anwerber kamen kaum hinterher damit, die vielen Freiwilligen zu registrieren. Zuerst schien das Kaiserreich erfolgreich zu sein, dann stoppte der Vormarsch im Westen in einem grauenvollen Stellungskrieg, bei dem sich die Front kaum einen Meter vor oder zurück bewegte und jegliche Bewegung schließlich unter hohen Verlusten und Materialkosten stoppte. Schon 1916, zwei Jahre nach Kriegsbeginn, begann die Unterstützung der Bevölkerung zu schwinden, zumal nun auch die Lebensmittel knapp wurden und die Menschen im Reich hungerten.

1918 konnte schließlich im Osten mit Russland Frieden geschlossen werden, nachdem dieses sich in den Wirren der Oktoberrevolution verzehrt hatte und als Sowjetunion neu entstanden war. Im Westen wurden ebenfalls Friedensverhandlungen aufgenommen, während die Flotte einen letzten Befehl zum Auslaufen erhielt. Die Schiffe und Matrosen sollten lieber in einer letzten Seeschlacht gegen England untergehen, als im Hafen zu bleiben.

Die Befehlsverweigerung der Matrosen in Kiel führte schließlich zur Revolution: Die Arbeiter und Soldaten schlossen sich zusammen und beendeten die Monarchie endgültig. Es entstand eine Übergangsregierung und schließlich ein Reichsrätekongress, der zu Wahlen für eine verfassungsgebende Versammlung aufrief. Erstmals durften hier auch Frauen wählen. Die Aufstände und Kämpfe hielten aber an. Im Januar 1919 wurde der Spartakusaufstand blutig niedergeschlagen und seine Anführer Rosa Luxemburg und Karl Liebknecht ermordet. Aus den Wirren der

Revolution, in der sogar zweimal eine Deutsche Republik ausgerufen wurde, entstand schließlich die Weimarer Republik.

Die junge Republik litt unter schwierigen Anfangsbedingungen: Die Wirtschaft lag am Boden, die Bürger hungerten. Im Versailler Vertrag hatte die Republik hohe Gebietsverluste hinnehmen müssen, zusätzlich zur Abrüstung und den finanziellen Reparationen. Besonders entzündeten sich die Gemüter daran, dass der Vertrag ein Eingeständnis forderte, dass das Kaiserreich der alleinige Urheber aller Schäden und Verluste sei. Diese damals sogenannte Kriegsschuldlüge war etwas mehr als 15 Jahre später mit ein Grund für die Vorbereitungen zum nächsten Weltkrieg.

Auch, nachdem der Friedensvertrag unterzeichnet war, kam die Weimarer Republik nicht zur Ruhe. Schon 1920 versuchte das Militär, gegen die Regierung zu putschen, traf jedoch auf starken Widerstand in der Bevölkerung. Im selben Jahr wurde der Ruhraufstand von der Regierung blutig beendet und 1921 und 1922 wurden Politiker für ihre Rolle in den Verhandlungen um den Versailler Vertrag ermordet. 1923 wurde die Republik von der großen Inflation fast vernichtet: Reparationszahlungen an die Siegermächte des Ersten Weltkriegs, falsche Wirtschafts- und Finanzpolitik sowie die immer noch zu bezahlenden Kredite aus der Kriegsfinanzierung führten zu einem totalen Wirtschaftszusammenbruch und dem Verlust aller Geldreserven. Ebenfalls 1923 versuchte Adolf Hitler sich in München an die Macht zu putschen. Eine Währungsreform beruhigte

Ende 1923 sowohl die Inflation als auch den Ruhraufstand. Ein Jahr später regelte der Dawesplan die Reparationszahlungen, die die Weimarer Republik zu leisten hatte, und passte die Höhe der Zahlungen an die tatsächlichen wirtschaftlichen Verhältnisse des Staates an. Mit den Neuregelungen begannen auch ausländische Investoren, wieder Interesse an Deutschland als Wirtschaftsstandort zu zeigen. Außerdem endete mit der Aufnahme in den Völkerbund 1926 die lange Phase der außenpolitischen Isolation.

Kulturell waren die 20er-Jahre des 20. Jahrhunderts die goldenen Jahre. Theater, Literatur, darstellende Kunst und Malerei erlebten eine Blütezeit. Das neue Lebensgefühl nach dem schrecklichen Krieg und Hunger trug viel dazu bei. Verarbeitet wurde sowohl der Krieg selbst als auch das Leben danach.

Politisch zeichnete sich bereits die nächste Krise am Horizont ab. 1925 gewann Paul von Hindenburg die Wahl zum Reichspräsidenten. Dieser hatte zuvor die Dolchstoßlegende verbreitet, der zu Folge die deutsche Armee im Feld unbesiegt geblieben sei und nur durch den Dolchstoß linker Politiker aus der Heimat der Krieg verloren gegangen war. 1929 endete die Phase der relativen Ruhe mit dem Börsencrash und der Weltwirtschaftskrise. Um die Krise zu meistern, ernannte Hindenburg Heinrich Brüning zum Reichskanzler und setzte die Notverordnungen der Verfassung in Kraft: Brüning konnte nun ohne Wahl weiter regieren, Notverordnungen erlassen und den Reichstag auflösen. Politisches Chaos entstand. Brüning regierte zeitweise ohne Reichstag per Notverordnung bis zur nächsten Reichstagswahl durch. Schon 1930 wurde die NSDAP, die Nationalsozialistische Deutsche Arbeiterpartei, eine der stärksten Kräfte.

Nachdem Brüning weder die wirtschaftliche Rezession entschärfen konnte noch außenpolitisch erfolgreich gewesen war, entzog ihm Reichspräsident Hindenburg 1932 die Unterstützung und ernannte Franz von Papen zum Reichskanzler. Von Papen, ein entschiedener Gegner der Demokratie, berief als seine Minister fast ausschließlich Adelige, was die bürgerlichen Wähler und die Arbeiter noch weiter in die Extreme trieb. Nachdem er die Regierung abgesetzt hatte und von Hindenburg zum Reichskommissar ernannt worden war, versuchte er, seine Notverordnungen im Reichstag durchzusetzen. Diese Verordnungen wurden vom Reichstag mit vernichtender Mehrheit zurückgewiesen, sodass von Papen den Reichstag mehr als einmal auflöste und neu wählen ließ. Mit jeder Wahl erstarkten die extremen Kräfte mehr, während die demokratischen Parteien kaum noch Stimmen auf sich vereinigen konnten.

Im November wurde die NSDAP das zweite Mal in Folge die stärkste Kraft im Reichstag. Von Papen wurde immer noch vom Reichstag mit Anlehnung gestraft, sodass Hindenburg Kurt von Schleicher zum Reichskanzler berief. Dieser versuchte, eine Querfront gegen die Nationalsozialisten zu bilden, war damit aber nicht erfolgreich. Hindenburg, der glaubte, dass der Extremist Adolf Hitler durch von Papen und den Politiker Hugenberg im Zaum gehalten würde, ernannte am 30. Januar 1933 Adolf Hitler zum letzten Reichskanzler der Weimarer Republik.

DIE WELT IN BRAND

Dies war der Anfang von 12 Jahren nationalsozialistischer Herrschaft, die in Völkermord und der völligen Zerstörung Europas und Deutschlands endete. Die führenden Köpfe der NSDAP hatten die Pläne zur Erschaffung einer Diktatur bereits vorbereitet, sodass die Machtübernahme zügig ablaufen konnte. Binnen sechs Monaten wurde die Presse-, Meinungs- und Versammlungsfreiheit eingeschränkt, Gegner der Nationalsozialisten wurden in einer koordinierten Aktion verhaftet, das Ermächtigungsgesetz erlassen, der Verwaltungsapparat gleichgeschaltet und alle Parteien außer der NSDAP verboten oder aufgelöst. Die verhafteten Gegner wurden in Konzentrationslagern inhaftiert.

Die Gesellschaft wurde ebenfalls gleichgeschaltet. Der Propagandaapparat sprach von einer Volksgemeinschaft, die geschlossen ihre Ziele erreichen würde, wenn jeder seinen Teil beitrüge. Organisationen wie die Hitlerjugend, der Bund Deutscher Mädel, der Wehrdienst oder der Reichsarbeitsdienst sorgten dafür, dass Kinder und Jugendliche pausenlos der Propaganda ausgesetzt waren. Eine „Säuberung" der erlaubten Literatur und Kunst verhinderte, dass unerwünschtes Gedankengut öffentlich wurde. Auch die eigenen Reihen blieben nicht verschont: Im Juni und Juli 1934 wurde der Chef der Sturmabteilung (SA) der NSDAP zusammen mit einem Großteil seiner Führungskräfte von Mitgliedern der Schutzstaffel

(SS) ermordet, angeblich, weil Röhm mit seiner SA einen Putsch gegen Adolf Hitler plante. Tatsächlich aber wollte Hitler nur seine Gegner aus dem Weg räumen lassen.

Am schlimmsten traf es die jüdischen Bürger Deutschlands. Schon 1933 wurde mit Boykott-Aktionen gegen ihre Geschäfte begonnen. Laut der NSDAP und Adolf Hitler waren die Juden schuld am Unglück Deutschlands und mussten deswegen aus dem Volk entfernt werden. 1935 verloren sie ihre Bürgerrechte. Ehen mit Nichtjuden wurden ihnen verboten. Kein Jude durfte mehr eine Beamtenstellung haben, das Wahlrecht wurde ihnen entzogen, jüdische Anwälte und Ärzte durften nicht mehr arbeiten. Verließ eine jüdische Familie Deutschland, ging ihr gesamter Besitz an das Deutsche Reich über. Effektiv verloren Juden damit alle Rechte. In der Reichspogromnacht 1938 wurden 1.400 Synagogen zerstört, jüdische Geschäfte geplündert und zerstört und jüdische Bürger misshandelt und getötet. Weitere von Diskriminierung betroffene Gruppen waren die Sinti und Roma, Homosexuelle und Menschen mit Behinderungen. Sie alle wurden diskriminiert, inhaftiert und getötet.

1935 wurde das Saarland wieder in das Reich eingegliedert, 1936 das Rheinland und 1938 wurde Österreich an das Deutsche Reich angeschlossen. Alle diese Stationen auf dem Weg zu einem neuen großdeutschen Reich wurden als erfüllte Wahlversprechen Adolf Hitlers gefeiert. Auch die Tschechei und das Memelland wurden wieder in das Reich eingefügt. Dies waren die letzten kampflosen Expansionen. Am 01. September 1939 begann der Zweite Weltkrieg mit dem Angriff deutscher Truppen in Polen. Bis 1941 unterwarf das Deutsche Reich im sogenannten Blitzkrieg Polen, Frankreich, Norwegen und Dänemark. Bestätigt durch diese schnellen Siege fühlte Adolf Hitler sich sicher genug, am 22. Juni 1941 den Angriff auf seinen bisherigen Verbündeten, die Sowjetunion, zu beginnen.

Mit dem Überfall auf die Sowjetunion begann der sogenannte Kampf um Lebensraum im Osten. Laut Adolf Hitler benötigte das deutsche Volk mehr Raum, ums sich auszubreiten. Dieser Raum könne im Osten erobert werden. Die Bevölkerung dieses Lebensraumes sollte als Zwangsarbeiter den deutschen Eroberern dienen. Etwa 8 Millionen Menschen wurden als Zwangsarbeiter verschleppt. Die jüdische Bevölkerung wurde in Konzentrationslager verschleppt und entweder als Sklaven zu Tode gearbeitet, starb an Hunger und Krankheiten oder wurde ermordet. Auch die Juden aus dem Deutschen Reich wurden in Lager deportiert und dort ermordet. Bis Kriegsende wurden 6 Millionen Juden getötet.

Im Sommer 1942 ging die Schlacht um Stalingrad verloren. Dies gilt heute als Wendepunkt des Krieges. Die Armee geriet im Osten unter Druck, als die Sowjetische Rote Armee mit ihrer Gegenoffensive begann. In Nordafrika drängten die Briten das Afrikakorps zurück, landeten anschließend in Sizilien und setzten das mit Deutschland verbündete Italien unter Druck, sodass dieses im September 1943 einen Waffenstillstand mit den Alliierten, den USA, Großbritannien und Frankreich schloss. Damit verlor das Deutsche Reich seinen letzten Verbündeten im Westen und stand nun allein.

1944 schließlich landeten amerikanische und britische Kräfte in der Normandie in Frankreich. Zudem kam der Luftkrieg, den die deutschen Bomber seit Jahren auf England und Spanien hatten niedergehen lassen, nun zurück nach Deutschland: Spreng- und Brandbomben gingen auf deutsche Großstädte nieder, tausende Menschen starben oder verloren ihr Zuhause.

Auch in diesem Moment der drohenden Niederlage behielt die Geheimpolizei ihren Würgegriff um die Bevölkerung bei. Ein letztes Aufbäumen des deutschen Widerstandes gegen den Nationalsozialismus war das Attentat vom 20. Juli 1944. Das Bombenattentat blieb erfolglos, die Verschwörer wurden gefangengesetzt und größtenteils hingerichtet.

Inzwischen rückten von Westen die Alliierten und von Osten die Rote Armee immer weiter vor. Die deutsche Bevölkerung im Osten floh oder wurde vertrieben. 12 Millionen verloren ihre Heimat. Die letzte Schlacht um Berlin dauerte vom 16. April bis zum 02. Mai 1945, Adolf Hitler erschoss sich bereits am 30. April selbst. Am 08. Mai 1945 kapitulierte das Deutsche Reich bedingungslos. Wir feiern diesen Tag heute als den Tag der Befreiung vom Nationalsozialismus.

AUFBRUCH

Mit dem Ende des Nationalsozialismus beginnt die Besatzungszeit in Deutschland. Die sogenannte Stunde null sieht Deutschland am Boden: Millionen Menschen sind obdachlos, Millionen Kinder haben ihre Eltern verloren, die Wirtschaft existiert nur noch als ein Tauschmarkt. Ganze Städte sind zerstört, Millionen sind immer noch auf der Flucht oder auf der Suche nach vermissten Angehörigen, zudem sind immer noch Millionen Soldaten als Kriegsgefangene inhaftiert.

Auf der Potsdamer Konferenz entscheiden die Alliierten, wie es nun weitergehen soll: Deutschland wird aufgeteilt in Besatzungszonen. Ein Entnazifizierungsprogramm soll die Überreste des nationalsozialistischen Gedankenguts aus den Köpfen der Menschen holen. Entmilitarisierung und Demokratisierung sollen eine Wiederholung der Weimarer Republik verhindern. Industrielle Anlagen sollen demontiert und den Siegermächten übergeben werden, als zumindest anteiligen Ausgleich für die Kosten des Krieges. Vor allem in der sowjetischen Besatzungszone, aus der später die DDR hervorging, wurde die Demontage genutzt. Das Saar- und Ruhrgebiet wurde wieder von Deutschland abgetrennt und unter französische Verwaltung gestellt. Die Hauptverantwortlichen der Verbrechen, sofern sie lebend gefasst werden konnten, wurden in den Nürnberger Prozessen von 1945 bis 1949 angeklagt und verurteilt.

Der Gegensatz der Westmächte England, Frankreich und USA gegen die Sowjetunion im Osten wurde mit der Zeit immer stärker. Während die Westmächte auf Entnazifizierung, Demokratie und wirtschaftliche Unterstützung des Wiederaufbaus setzten, wurden in der sowjetischen Besatzungszone die sozialistischen Parteien KPD (Kommunistische Partei

Deutschlands) und die SPD zwangsweise zur SED (Sozialistische Einheitspartei Deutschlands) vereinigt, und, nachdem diese in den ersten Wahlen keine Erfolge vorweisen konnte, demokratische Wahlen abgeschafft.

Im März 1948 wurden in London die Gründung eines deutschen Teilstaates vorbereitet. Die Sowjetunion schied daraufhin aus dem alliierten Kontrollrat aus und reagierte auf die Währungsreform im Westblock mit einer eigenen im Ostblock und in Ostberlin. Das alliiert besetzte Westberlin wurde außerdem abgeriegelt, sodass die Alliierten gezwungen waren, Berlin mit der sogenannten Berliner Luftbrücke über ein Jahr lang per Flugzeug zu versorgen.

Im Sommer 1948 schließlich wurden die Bedingungen der Westmächte für die Gründung eines westdeutschen Staates an die Ministerpräsidenten der westdeutschen Länder übergeben. Diese wiederum verweigerten sich der Gründung eines halbierten Deutschlands und waren nur dazu bereit, unter der Bedingung, dass das Ziel ein wiedervereinigtes Gesamtdeutschland sei. Das neue Grundgesetz der Bundesrepublik Deutschland, das noch heute gilt, wurde am 23. Mai 1949 schließlich verkündet, während parallel im Osten Deutschlands Vorbereitungen für die Gründung eines ostdeutschen Staates liefen.

DIE BUNDESREPUBLIK

Erster Bundeskanzler der neuen Bundesrepublik Deutschland wurde Konrad Adenauer von der CDU. Ihm und seinem Kabinett stand eine Mammutaufgabe bevor: Die Wirtschaft musste neu nach den Grundsätzen einer sozialen Marktwirtschaft aufgebaut werden und immer noch fehlte es an Wohnraum nach den Zerstörungen des Krieges. Das sogenannte Wirtschaftswunder kam erst 1950 in Bewegung, nachdem die Korea-Krise den Export explodieren ließ und damit das Wirtschaftswachstum begann und auch anhielt.

Zusätzlich zu den politischen Schwierigkeiten musste sich die Regierung Adenauer mit den gesellschaftlichen Folgen des Krieges und der Zeit des Nationalsozialismus auseinandersetzen. Immer noch waren Soldaten in russischer Kriegsgefangenschaft und auch die vielen Flüchtlinge und Rückkehrer aus dem Exil mussten wieder in die Gesellschaft integriert werden. Zudem kämpfte Adenauer außenpolitisch für die Souveränität der neuen Bundesrepublik. Erst 1955 erhielt Deutschland seine volle Eigenständigkeit zurück, die Alliierten behielten allerdings Vorbehaltsrechte. So blieben Truppen auf deutschem Boden stationiert und die Alliierten durften jederzeit auch ohne Zustimmung der deutschen Regierung mehr Truppen nach Deutschland verlegen. Ebenfalls 1955 erreichte Kanzler Adenauer die Rückkehr der letzten deutschen Kriegsgefangenen.

Mit den 60er-Jahren kamen Jahre der gesellschaftlichen Veränderung, revolutionäre Stimmung und Veränderung. 1961 löste der Prozess gegen Adolf Eichmann in Jerusalem und die sogenannten Auschwitz-Prozesse 1963 bis 1965 eine weitere Welle der Auseinandersetzung mit dem Nationalsozialismus aus. Nach der eher nachlässigen Durchführung der Entnazifizierung direkt nach dem Krieg sah sich der Bundestag 1965 gezwungen, die Verjährungsfrist für Verbrechen während der NS-Zeit zu verlängern.

Eine politische Erschütterung erlebte die Bundesrepublik durch den Bau der Berliner Mauer, die Ostberlin vollständig vom Westen abriegelte. Dabei standen sich 27. Oktober 1961 erstmals seit dem Krieg wieder Panzer in Berlin gegenüber: Am Checkpoint Charlie, einem der Grenzübergänge zwischen Ost- und Westberlin, begegneten sich gefechtsbereite amerikanische und sowjetische Panzer. Gesellschaftlich erzwang die Studentenbewegung eine Auseinandersetzung mit Themen wie Frauenrechten und der NS-Vergangenheit auch in der eigenen Familie. Aus der studentischen Protestbewegung erwuchs die Rote-Armee-Fraktion, deren Terror erst 1993 endete.

Die Rote-Armee-Fraktion, RAF, verübte innerhalb von 25 Jahren 34 Morde und war verantwortlich für mehrere Geiselnahmen und

Banküberfälle sowie Sprengstoffattentate. Trotz des einheitlichen Namens handelte es sich explizit nicht um eine einheitliche Gruppierung. Es werden drei Generationen unterschieden, die nicht oder nur teilweise aus denselben Personen bestanden. Zudem veränderten sich die Forderungen und das Gedankengut der Gruppe mit den Personen. Außer den aktiven Mitgliedern gab es immer auch Unterstützer, die Verstecke, Autos und Informationen zur Verfügung stellten. Nach vier ehemaligen Mitgliedern wird immer noch gefahndet, weitere drei gelten als vermisst. Der Jagd nach der RAF sorgte für die Entstehung der Rasterfahndung, bei der Daten verschiedener Behörden miteinander verglichen werden dürfen, sowie für verschiedene Anti-Terror-Gesetze. Ihren Höhepunkt erreichte der Terror durch die RAF im Herbst 1977, dem heute sogenannten Deutschen Herbst.

Ihre politische Auswirkung zeigten die Proteste in der ersten sozialdemokratischen Regierungsbeteiligung seit Gründung der Bundesrepublik von 1966 bis 1969 und dann 1969 der erste Bundeskanzler der SPD, Willy Brandt. Daraus folgten Gesetze zur Senkung des Wahlalters von 21 Jahre auf 18 Jahre, staatliche Förderung von Studenten und Studentinnen zur Verbesserung der Bildungsgerechtigkeit und eine Reform des Strafrechts. Nach der liberalen Regierung Brandts folgte unter Bundeskanzler Helmut Schmidt die Phase des Terrors der RAF und eine erste Rezession. Das andauernde Wirtschaftswachstum war beendet. Die Spannungen zwischen den Machtblöcken des Westens und des Ostens zeigten sich in häufigen Stellvertreterkriegen und gipfelten 1962 in der Kuba-Krise. Erstmals wurde den Menschen bewusst, wie gefährlich der mögliche Einsatz einer Atombombe sein könnte.

WIEDERVEREINIGUNG UND GEGENWART

1982 übernahm Helmut Kohl, CDU, das Bundeskanzleramt. Mit den Neuwahlen zog auch eine neue Partei in den Bundestag ein: die Grünen, eine Sammelpartei für Atomkraftgegner, Friedensaktivisten, Frauenrechtler und die Neue Linke. Wie wichtig eine solche Partei war, zeigte sich 1986. Im sowjetischen Tschernobyl ereignete sich ein Unfall im dortigen Atomkraftwerk. Der giftige Regen zog auch über Deutschland hinweg. Noch heute müssen in bestimmten Teilen des Landes geschossene Wildschweine oder gesammelte Pilze auf radioaktive Strahlung überprüft werden vor dem Verzehr.

Im selben Jahr ließ Bundeskanzler Helmut Kohl das Bundesumweltministerium schaffen. Außenpolitisch behielt Kohl die bewährte Anbindung an den Westen bei und arbeitete aktiv auf eine deutsche Wiedervereinigung hin. Diese kam 1989 mit dem Fall der Berliner Mauer. Die Unzufriedenheit der Bevölkerung in der DDR war über die Jahre gewachsen. Das gewaltsame Niederschlagen mehrere Aufstände, die permanente Überwachung der Bürger durch die Staatssicherheit sowie der Mangel an Lebensmitteln und anderen Produkten drängten die Menschen in den Protest. Tausende flohen, andere stellten Anträge auf legale Ausreise. 1989 eskalierte diese sogenannte Abstimmung mit den Füßen. Die Montagsdemonstrationen konnten immer mehr Menschen aufweisen und am 09. November 1989 erfolgte ein Massenansturm auf die Grenzübergänge. Der erste offiziell geöffnete Grenzübergang war die Bornholmer Straße in Westberlin.

Unter Zusammenarbeit der Regierung der Bundesrepublik unter Helmut Kohl, der Regierung der DDR unter Mitwirkung von Lothar de Maizière und verschiedenen Bürgerrechtlern ging die DDR in der Bundesrepublik auf. Am 03. Oktober 1990 war die Wiedervereinigung offiziell beendet. Das wiedervereinigte Deutschland zielte seine außenpolitischen

Anstrengungen nun hauptsächlich auf Europa. Unter maßgeblicher Mitwirkung Deutschlands entstand die Europäische Union und mit ihr die ersten Pläne für die Einführung der Gemeinschaftswährung des Euro. Die neue, vollständige Souveränität – die Bedingung der Wiedervereinigung war erfüllt, der zusammenbrechende Ostblock stellte nun keine militärische Bedrohung mehr dar – sorgte für neue Verantwortlichkeiten der Bundesrepublik auch außerhalb der europäischen Politik. Erstmals seit dem Zweiten Weltkrieg befanden sich 1991 deutsche Soldaten auf ausländischem Gebiet. Seitdem hat die Bundeswehr sich an mehreren hundert humanitären, aber auch militärischen Einsätzen beteiligt.

1998 endete die Ära Kohl mit der Wahl Gerhard Schröders, SPD, zum Bundeskanzler. Unter Schröder wurde die Sozialgesetzgebung reformiert. Unsere heutigen Arbeitslosengesetze entstanden unter seiner Regierung, ebenso der Beginn des Atomausstiegs und die Einführung der Ökosteuer.

Schon 2005 wechselte die Regierung wieder, diesmal zurück zur CDU. Angela Merkel wurde die erste deutsche Bundeskanzlerin. Unter Ihrer Kanzlerschaft erlebte Deutschland die Wirtschaftskrise 2008 sowie die Flüchtlingskrise von 2015 und die Corona-Pandemie 2020/2021.

2008 brach die Weltwirtschaft ein, als die amerikanische Großbank Lehman Brothers unter dem Eindruck der Immobilienblase, also den künstlich hoch gehaltenen Preisen für Häuser, zusammenbrach. Einige Staaten mussten ihre Banken unterstützen, während andere Banken geschlossen wurden. Vor allem im Euro-Raum wirkte die Krise noch lange nach, besonders in Form der Diskussion um die Staatsschuldenhilfe für Griechenland. Die Flüchtlingskrise 2015 und 2016 beschreibt die Einreise von über einer Million Schutzsuchenden nach Deutschland. Angela Merkels Satz „Wir schaffen das!" wurde wegweisend und löste eine erneute Diskussion über Asylrecht, Flüchtlingsrecht und Fluchtursachen und deren Bekämpfung aus. Seit 2020 steht die Innenpolitik im Zeichen der Covid-19-Pandemie. Ausgehend von China erreichte das Virus im Januar

2020 Deutschland. Seitdem starben trotz der beschlossenen Maßnahmen 90.000 Menschen bei insgesamt 3,7 Millionen Erkrankten.

Seit den ersten Anfängen eines Staatswesens in Form des Heiligen Römischen Reichs durchlebte das, was heute Deutschland ist, eine Vielzahl an Veränderungen. Geografisch wurde Deutschland größer und kleiner, bis es seine heutige Form erreichte. Die Gesellschaft veränderte sich, von der Staatsform ganz zu schweigen. Unsere Geschichte definiert uns bis heute, deshalb ist es wichtig, Geschichte nie zu vergessen – aber auch nach vorne zu schauen.

Bibelgeschichten für Kinder und Jugendliche

Die schönsten Bibel Geschichten des alten und neuen Testaments kindgerecht erzählt - inkl. wertvollem Hintergrundwissen

Anna-Lena Pagels

1. Das erwartet Sie in diesem Buch

Kinder sind von Natur aus neugierig und das ist gut so. Sie wollen ihr Umfeld kennenlernen, die Welt verstehen, Regeln erfassen. Die sechs „W" „Wer?, Wie?, Was?, Wieso?, Weshalb?, Warum?" hört man nicht umsonst in der Erkennungsmelodie der „Sesamstraße". Kinder wollen alles wissen.

Da tauchen dann auch so Fragen auf, wie „Wer ist Jesus?", „Was feiern wir Weihnachten und Ostern?", „Was sind die Zehn Gebote?" oder „Wer hat die Bibel gemacht?".

Im besten Fall haben Sie sich als Eltern schon mit Religion beschäftigt und können Ihrem Kind Rede und Antwort stehen. Wenn dem nicht so ist und Sie auf die vielen Fragen Ihres Kindes antworten müssen „Tut mir leid, das weiß ich auch nicht", werden Sie wahrscheinlich in verwirrte Gesichter schauen. Wäre es dann nicht schön, sagen zu können „Aber ich weiß, wo wir nachlesen können!"? Ihr Kind wird sich freuen, dass Sie mit ihm gemeinsam auf Entdeckungsreise gehen wollen.

Für dieses Vorhaben steht nicht nur einschlägige Fachliteratur zur Verfügung, die alles, was mit „kindgerechter" Religion zu tun hat, in einfacher Sprache erklärt, sondern auch Bibeln für Kinder.

2. Entstehung und Aufbau der Bibel

Buch der Bücher. Wenn man das hört, ist sofort klar, es geht um die Bibel. Bibel leitet sich ab vom griechischen Wort biblia und bedeutet Buch. Die Bibel ist DIE Heilige Schrift. In ihr ist Gottes Wort festgehalten. Wir erfahren aus dem Leben von Jesus.

Die Meinungen über die Bibel sind geteilt. Es gibt Menschen, die finden die Bibel spannend, aktuell, bezeichnen sie als einen Leitfaden. Auf der anderen Seite wird die Bibel als langweilig, altbacken, aus der Mode gekommen oder schwer verständlich beschrieben.

Für mich ist sie voll mit Überraschungen. Bei jedem Lesen findet sich wieder was Neues und Spannendes. Sie hält Erzählungen bereit für uns, die, wenn wir sie intensiv lesen, aktueller nicht sein können.

Wir erfahren in der Bibel von Menschen, die Gott begegnet sind. Wir finden Antworten auf Fragen. Bekommen Lebenshilfe und Leitlinien für den Umgang miteinander.

Vor Jahrtausenden wurde alles mündlich weitergetragen, von Generation zu Generation. Erst, als die Schrift Einzug hielt im Leben der Menschen, wurde Stück für Stück aufgezeichnet.

In vielen kleinen Büchern wurden die Überlieferungen festgehalten. Diese Bücher wurden dann zu den Teilen der Bibel zusammengefasst. Die Bibel ist untergliedert in „Altes Testament" und „Neues Testament". Jedes Testament hat seine spezifischen Inhalte. Die einzelnen Teile sind in Kapitel unterteilt. Das sind die Zahlen, die in Fettdruck in den Texten stehen. Die Kapitel teilen sich noch einmal in Verse auf. Das sind dann die Zahlen, die hochgestellt vor Sätzen oder Satzteilen zu finden sind.

Zitiert wird dann z. B. folgendermaßen:
1. Mose, 2, 4–6 (1. Buch des Mose, 2. Kapitel, Verse 4 bis 6) oder Johannes 8, 15–19 (Evangelium des Johannes, 8. Kapitel, Verse 15–19) oder Philipper 1, 21 (Brief des Paulus an die Philipper, 1. Kapitel, Vers 21).

Viele Autoren haben damals die Texte verfasst. Oft ist nicht bekannt, von wem sie aufgeschrieben wurden.

Man nimmt an, dass die ersten Texte um 900 v. Chr. schriftlich verfasst wurden.

Die Elberfelder Bibel ist mit ihrer Übersetzung ganz nah am Originaltext und zu empfehlen, wenn Sie die Schrift nur geringfügig verändert lesen möchten.

2.1. DAS „ALTE TESTAMENT"

Das Alte Testament wird auch als „Jüdische Bibel" bezeichnet. Der Grund dafür ist, dass sie die Heilige Schrift des Judentums, auch Tanach genannt, enthält.

In ihm finden wir die Geschichtsbücher. Die Geschichte Gottes mit seinem Volk Israel bildet den Mittelpunkt des Alten Testaments. Propheten verkünden ihre Botschaft. Wir lesen zum Beispiel von Mose, Josua, den Richtern. Hinzu kommen die Bücher der Könige und die Bücher der Chronik.

Es folgen die Schriften der Weisheit. Lehrbücher (z. B. das Buch Hiob, die Sprüche Salomos und das Hohelied Salomos) sowie die Psalmen.

Psalmen sind Gebete und Lieder. Sie bringen die Gefühle der Menschen gegenüber Gott zum Ausdruck. Klage, Bitten, Dank und Lob finden in Psalmen ihren Ausdruck. Der 23. Psalm, der Psalm vom Guten Hirten, ist der Bekannteste.

Daran schließen sich die Prophetenbücher von Jesaja, Jeremia, Ezechiel, Micha an, um nur einige zu nennen.

Ab Beginn der mündlichen Überlieferungen soll es etwa 1000 Jahre gedauert haben, bis die letzten schriftlichen Aufzeichnungen entstanden.

2.2. DAS „NEUE TESTAMENT"

In ihm geht es um Jesus Christus. Deshalb wird dieser Teil auch als „Christliche Bibel" bezeichnet. Hier begegnen uns die Evangelisten Matthäus, Markus, Lukas, Johannes. Sie berichten uns über Jesu Leben. Wir lesen über sein Wirken, Handeln und Reden, sein Leiden, Sterben, die Auferstehung.

Die Apostelgeschichte verkündet uns Jesu Botschaft. Auch in den Briefen des Paulus an die Gemeinden, z. B. in Korinth und Ephesus, sowie u. a. in Briefen von Petrus und Jakobus erfahren wir diese Botschaft. Den Abschluss bildet das prophetische Buch mit der Johannesoffenbarung.

Etwa um 50 n. Chr. wurde der erste Brief schriftlich fixiert. Es war ein Paulusbrief. Seine Briefe beinhalteten wichtige Themen in Bezug auf die von ihm gegründeten Gemeinden.

Markus ist der Evangelist, der um 70 n. Chr. als Erster eine gute Botschaft von Jesus aufschrieb.

3. Auch für die Großen: Die Kinderbibel

Verschiedene Verlage haben Kinderbibeln auf den Markt gebracht. Diese sind in kindgerechter Sprache verfasst, bunt bebildert und lassen Platz für eigene Gedanken, die man dort hineinschreiben kann. Oft gibt es auch Seiten für kreatives Zeichnen bzw. Gestalten der Texte. Der Fantasie der Kinder wird hier viel Raum gelassen.

Schon im Mittelalter war man der Meinung, dass die Bibel an sich nicht für Kinder und Jugendliche geeignet ist. Die Geschichten sind nicht kindgemäß und waren auch nicht für Kinder gedacht. Schwierige Lebenssituation, Not, Leid, Naturkatastrophen, Tod sind Erlebnisse, die die Kinder nicht in so lebensnaher Weise verkraften und verarbeiten würden, wie sie in der Bibel stehen. Deshalb wurden ab 1570 biblische Texte kindgerecht bearbeitet. In dem Jahr gab es auch die erste Kinderbibel, verfasst von Josua Opitz.

Kinderbibeln eignen sich auch gut für Erwachsene, die sich zum ersten Mal mit der Bibel befassen, oder für Menschen, denen die

Texte „für Große" schwer verständlich sind. Durch die erzählende Sprache wird der Text der Bibel kindgerecht wiedergegeben. Schwierige Passagen werden umschrieben. Erläuterungen sind hinzugefügt. Farbenfrohe Bilder und Zeichnungen lockern das Ganze ein wenig auf.

4. Warum mein Kind im Glauben erziehen?

Durch Geschichten der Bibel und Erzählungen der Eltern, Großeltern oder anderer Menschen in ihrer Umgebung erfahren die Kinder, wie Jesus gelebt hat. Sie hören die Botschaft. Gott ist barmherzig, Gott ist die Liebe.

Die Kinder erfahren, dass sie alles vor Gott bringen können. Gutes, weniger Gutes. Sie können bitten, danken, beten, ihr Herz ausschütten vor Gott. Sie haben gelernt, dass vor Gott jeder Mensch gleich ist, dass er keine Unterschiede macht. Wo immer sie sind, was immer sie tun, auf Gott können sie sich verlassen.

Ihr Glaube macht sie stark für das Leben. Sie lernen Wichtiges für den Umgang miteinander, dass man sich gegenseitig hilft, nicht schlecht über andere Menschen spricht, ihnen nichts Böses zufügt. Sie wissen, wenn sie was Blödes gemacht haben, können sie es wieder gerade rücken. Sie können es bereuen, sich entschuldigen und das begangene Unrecht wiedergutmachen. Durch den Glauben lernen sie auch Toleranz gegenüber den Menschen, die anders sind, anders aussehen, aus einem anderen Land kommen. Sie erleben, Hoffnung nicht aufzugeben, lernen Optimismus und Offenheit kennen. All dies legt einen guten Grundstein für das weitere Leben Ihrer Kinder. Sie als Eltern können es Ihren Kindern vorleben und vermitteln.

Machen Sie sich gemeinsam mit Ihren Kindern Gedanken zur Vorbereitung auf die Fastenzeit. Sprechen Sie mit ihnen z. B. darüber, wie es ist, in einer Wohlstands- und Wegwerfgesellschaft zu leben. Brauchen wir alles, was wir besitzen? Können wir vom Überfluss Bedürftigen etwas abgeben? Wie kann Ihr Kind sich in der Fastenzeit bewusst werden, dass Verzicht auch guttun kann?

In Kindergottesdiensten, in der Christenlehre, im Religionsunterricht werden den Kindern und Jugendlichen diese Werte auch vermittelt. Es gibt Kinderkirchengruppen, in denen kindgerecht die Botschaft Gottes verkündet wird. Zum Martinsumzug lernen sie etwas über das Teilen. Wenn sie sich am Krippenspiel beteiligen, erfahren sie gemeinsam mit Freunden die Menschwerdung Gottes durch seinen eingeborenen Sohn Jesus Christus.

5. Die Bedeutung der Feiertage

5.1. WEIHNACHTEN

Maria und Josef waren verlobt. Eines Tages erschien Maria ein Engel. Er stellte sich ihr vor. „Guten Tag, Maria. Ich bin Gabriel. Gott schickt mich. Ich soll dir eine Nachricht überbringen." Maria wunderte sich. Was könnte Gott von ihr, einer armen Magd, nur wollen? Maria war das unheimlich und sie war ängstlich. Gabriel beruhigte Maria und erzählte ihr, dass Gott ihr den Heiligen Geist senden und sie ein Kind gebären wird. Gott kann alles tun. Man muss ihm nur vertrauen. Josef wunderte sich, als er erfuhr, dass Maria ein Kind bekommen soll. Er entschied sich dafür, die Verlobung still und heimlich aufzulösen. Er wollte Maria keinen Ärger bereiten. Dann erschien ihm im Traum ein Engel, der ihm erzählte, dass er bei Maria bleiben soll, weil sie nichts Falsches getan hatte, dass Gott sie ausgewählt hat als Mutter von Gottes Sohn. Sie sollen das Kind Jesus nennen.

Kurz vor der Geburt des Kindes ordnete Kaiser Augustus eine Volkszählung an und alle Menschen mussten in die Stadt gehen, in der sie geboren wurden. Josef kam aus Bethlehem, also machten sich

Maria und Josef auf den Weg dorthin. Sie konnten in einem Stall in Bethlehem bleiben. Eine andere Unterkunft für die Geburt fanden Maria und Josef nicht. Sie machten es sich in dem Stall gemütlich. Josef bereitete für Maria ein Bett aus Stroh. Schließlich sollte sie es bequem haben zur Geburt. Josef und die Tiere im Stall (in Weihnachtskrippen werden gern Ochs und Esel aufgestellt) wurden Zeugen, als Jesus Christus – Gottes Sohn – in der Nacht vom 24. auf den 25. Dezember das Licht der Welt erblickte. Maria wickelte Jesus in Windeln und legte ihn in eine Krippe. So war es vorhergesagt und so fanden die Hirten vom Felde und auch die Weisen aus dem Morgenland die kleine Familie im Stall vor.

5.1.1. 24. Dezember – Heiligabend

Der Heiligabend ist genau genommen noch kein Feiertag, sondern der Vorabend des Weihnachtsfestes.

Christen feiern Gottesdienste. Christvesper am Nachmittag, Christmette am späten Abend. Sie freuen sich, dass Jesus Christus bald geboren wird. Es werden Krippenspiele aufgeführt.

Viele Menschen stellen traditionell Weihnachtsbäume auf und schenken sich an diesem Abend etwas. Das Licht am Weihnachtsbaum steht für Jesus Christus, unseren Bruder, denn, er ist das Licht der Welt.

5.1.2. 25. Dezember – 1. Weihnachtsfeiertag

In der Nacht von Heiligabend zum 1. Weihnachtstag erschien den Hirten auf dem Feld ein Engel. Der Himmel erstrahlte in der dunklen Nacht. Der Engel überbrachte ihnen die Nachricht „Heute ist in einem Stall in Bethlehem euer Retter und Erlöser geboren. Schaut euch das Kind an. Begrüßt es." Dann kamen mehr Engel hinzu. Sie alle sangen gemeinsam „Ehre sei Gott in der Höhe und Friede auf Erden."

Die Hirten machten sich auf den Weg nach Bethlehem und fanden den Stall, über dem ein Stern leuchtete. In diesem Stall lag in der Krippe das Neugeborene. Jesus – Gottes Sohn. Sie erzählten dann allen, was sie auf dem Feld erlebt hatten. Auch von der Botschaft, dass dieses Kind Jesus Christus der Retter der Welt ist.

Auch die Weisen aus dem Morgenland sahen den Stern von Bethlehem und folgten ihm zum Stall, um den neuen König zu begrüßen. Über diese drei und ihren Feiertag erfahren Sie mehr in Abschnitt 5.4.1.

5.1.3. 26. Dezember – 2. Weihnachtsfeiertag

An diesem Tag feiern die Christen, dass Gott in Jesus Mensch geworden ist. Sie glauben, dass Jesus als Erlöser auf die Welt kommt. Er befreit die Menschen von ihren Sünden. Dies tut er anstelle von Gott, seinem Vater.

5.2. OSTERN

5.2.1. Gründonnerstag

Jesus feierte mit seinen Jüngern das Passahmahl. An diesem Abend wusste er schon, dass einer der Jünger Jesus verraten wird. Ihm war auch schon bewusst, dass sie ihn verhaften und töten werden. Gemeinsam mit ihnen speiste er. Er brach das Brot und teilte es mit ihnen. Er trank den Wein und teilte ihn mit ihnen. Als er mit ihnen das Brot brach, dankte er Gott und sprach zu seinen Jüngern: „Nehmt und esst, das ist mein Leib, der für euch gegeben wird." Dann nahm er den Kelch mit dem Wein, dankte Gott auch dafür und sprach zu ihnen: „Trinkt alle daraus! Das ist mein Blut, das für euch vergossen wird zur Vergebung der Sünden."

Zur Erinnerung an dieses letzte Abendmahl feiern wir in Gottesdiensten auch ein Abendmahl. Die Gemeinde wird an den Tisch (Altar) gebeten. Die Pastorin oder der Pastor spricht die Einsetzungsworte zur Erinnerung an die Worte Jesu und dann wird an die Anwesenden Brot (Oblate) und Wein/Traubensaft ausgeteilt. Dieses Abendmahl ist feierlich und man ist sich bewusst, dass Jesus unter der Gemeinde weilt.

5.2.2. Karfreitag

In der Nacht nach dem Passahmahl wurde Jesus von einem seiner Jünger an die Feinde verraten. Am Karfreitag kamen bewaffnete Männer. Sie waren Knechte des Hohepriesters Kaipha. Die Knechte nahmen Jesus fest, führten ihn ab und brachten ihn zum Palast des Hohepriesters. Dort wurde er verhört von Priestern und Ratsherren. Es wurden Zeugen gebracht, die aussagten, dass Jesus Menschen aufgehetzt hat und gedroht hat, den Tempel zu zerstören. Jesus wurde befragt, ob er Gottes Sohn sei. Jesus antwortete laut und deutlich: „Ja, ich bin Gottes Sohn."

Daraufhin riss man Jesus die Kleider vom Leib, bespuckte und schlug ihn. Schließlich brachte man Jesus zum Statthalter Pontius Pilatus. Dieser hatte die Macht, Gefangene freizulassen. Als der Statthalter die Menge befragte, forderten sie, dass man Barrabas freilassen und Jesus kreuzigen solle. Jesus wurde verhöhnt. Die Soldaten setzten ihm eine Dornenkrone auf und hängten ihm einen prächtigen Mantel um. Sie brachten ihn zum Berg Golgatha, damit er gekreuzigt werde. Das Kreuz, an das man ihn schlagen wollte, musste er den langen Weg auf den Berg allein tragen. Da er auf dem Weg immer wieder unter der Last zusammenbrach, trug Simon von Zyrene das Kreuz zum Berg.

Auf dem Berg Golgatha angekommen, wurden Jesus und zwei Verbrecher auf die Holzkreuze genagelt. Diese wurden aufgestellt. Einige Stunden später verdunkelte sich der Himmel. Als Jesus dann verstarb, bebte die Erde.

Viele Stunden später standen nur noch ein paar Frauen unter dem Kreuz mit dem verstorbenen Jesus. Ein vornehmer Herr kam vorbei, nahm Jesus vom Kreuz ab und wickelte ihn in weiße Tücher. Man trug Jesu Leichnam in seinen Garten. Jesus wurde in eine Felshöhle gelegt und ein großer Stein wurde vor den Eingang gerollt.

Am nächsten Tag, einem Festtag, ordneten die Priester und Ratsherren an, dass Wachen vor dem Grab aufgestellt werden sollen. Sie taten dies, weil sie sich erinnerten, dass Jesus prophezeit hatte, dass er drei Tage nach seinem Tod auferstehen wird.
Pilatus schickte einen Wachmann zum Grab, der dieses versiegelte.

5.2.3. Ostersonntag

Am Sonntag gingen die Frauen nach dem Fest zu Jesu Grab und wollten ihn salben. Der Stein war vom Eingang weg gerollt und das Grab war leer. Am Eingang zur Höhle saß ein Engel und berichtete ihnen, dass Jesus auferstanden sei.

Kurze Zeit später trafen die Frauen tatsächlich auf Jesus. Sie erzählten überall, was passiert war, nur wollte ihnen kein Mensch glauben.

Für Christen ist Ostersonntag der höchste Feiertag im Kirchenjahr. Bereits in der Nacht zu Sonntag, der Osternacht, gibt es eine Feier. Es wird der Entdeckung des leeren Grabes und der Auferstehung gedacht. Weitverbreitet sind auch abendliche Osterfeuer.

5.2.4. Ostermontag

Dem letzten der Osterfeiertage liegt eine Geschichte zugrunde, von der uns Lukas in seinem Evangelium berichtet:
In der Nacht zu Sonntag haben die Menschen entdeckt, dass Jesus auferstanden ist. Die Höhle war leer.

Am Tag darauf gingen zwei Männer nach Emmaus. Das ist ein Dorf, ein Stück weg von Jerusalem. Unterwegs unterhielten sich die beiden über alles, was in den letzten Tagen passiert war. Jesu Festnahme, die Kreuzigung, das Verschwinden Jesu. Sie waren unsicher und überlegten, wie das alles passieren konnte und wo Jesus jetzt wohl sein könnte. Ein Mann begegnete ihnen. Es war Jesus. Die Männer erkannten ihn aber nicht. Jesus fragte sie, was denn passiert war, dass sie so aufgeregt waren und worüber sie diskutierten. Die Männer waren erstaunt und wunderten sich, dass dieser Mann nichts wusste von all dem, was mit Jesus passiert war. Sie erzählten ihm vom Hohepriester, der Todesstrafe und der Kreuzigung. Sie erzählten ihm auch, dass einige Frauen am Grab gewesen waren und die Höhle leer war und dass ein Engel den Frauen erzählt hat, dass Jesus lebt.

Als Jesus all dies hörte, wusste er, dass die zwei Männer nicht an seine, Jesu, Auferstehung glaubten. Er erzählte ihnen, was in den Schriften stand, und erklärte ihnen die Texte.
Als er die Männer verlassen wollte, luden sie ihn ein, bei ihnen zu bleiben. Als es Essen gab, nahm Jesus das Brot, dankte, brach es und gab es ihnen, genauso, wie er es auch zum letzten Abendmahl getan hatte. Nun erkannten sie Jesus und wussten, dass er tatsächlich auferstanden war. Jesus verschwand daraufhin ganz plötzlich vor ihren Augen.

Den Männern wurde klar, dass sie im Inneren ihres Herzens wussten, dass es nur Jesus sein konnte, der ihnen die Schrift so lebendig erklärt hatte. Sie gingen sofort zurück nach Jerusalem und erzählten allen „Der Herr ist wahrhaftig auferstanden." (Lukas 24, 34)

5.3. PFINGSTEN

Am 50. Tag nach Ostern feiern die Christen Pfingsten. Gott prophezeite, dass er seinen Heiligen Geist schicken und über den Menschen verteilen will. Dies geschah dann auch. Nachlesen kann man diese Erzählung im 2. Kapitel der Apostelgeschichte.

Im Jahr 130 n. Chr. wurde erstmals das Pfingstfest als christliches Fest erwähnt. Zurückzuführen ist es darauf, dass die Jünger und die Apostel, welche sich zum Pfingstfest versammelt hatten, vom Heiligen Geist erfüllt wurden.

5.4. WAS FEIERT MAN NOCH SO?

5.4.1. „Heilige Drei Könige" – Fest der Erscheinung des Herrn

Wir hörten ja gerade schon von den Hirten, die sich aufmachten zum Stall, in dem Jesu geboren war. Der Stern von Bethlehem zeigte auch den Heiligen Drei Königen den Weg zum Stall. Diese Könige waren Sterndeuter/Magier aus dem Morgenland und hießen Caspar, Melchior und Balthasar. Zur Begrüßung des Jesuskindes überreichten sie Geschenke. Sie brachten Gold, Weihrauch und Myrrhe mit.

Caspar, Melchior und Balthasar waren Symbole für die Kontinente Europa, Asien und Afrika.

Zum Epiphaniasfest, dem 6. Januar, gibt es eine Tradition: Kinder ziehen gemeinsam als sogenannte Sternsinger durch ihre Ortschaften. Sie ziehen sich Gewänder an, klingeln an den Türen und singen ein Lied, sagen ein Gedicht auf oder sprechen ein Gebet. Dazu wird um eine Spende für ein besonderes Projekt gebeten. Mit diesen Zeremonien verbreiten sie die Friedensbotschaft der Heiligen Nacht, der Nacht, in der Jesus geboren wurde.

Bevor die Sternsinger weiterziehen, wird das Haus oder die Wohnung gesegnet. Über den Eingang schreibt man mit Kreide C + M + B und die jeweilige Jahreszahl dazu. Damit wird den Bewohner+innen Gottes Segen gewünscht.

Zur Bedeutung dieser drei Buchstaben gibt es verschiedene Ansichten. Zum Beispiel, dass sie für Glaube + Liebe + Hoffnung stehen oder für Caspar + Melchior + Balthasar. Auch deutet man sie als Anfangsbuchstaben des Segensspruches „Christus Mansionem Benedicat". Das ist Latein und bedeutet so viel wie „Christus segne dieses Haus".

Es gibt viele Gemälde, Altarbilder usw., auf denen die Heiligen Drei Könige dargestellt werden. Unklar ist aber, ob es tatsächlich drei Weise waren. Dies begründet man damit, dass aus den Schriften nicht klar hervorgeht, um wie viele Personen es sich handelte. Schließlich könnten auch mehr oder weniger als drei Personen drei Geschenke überbringen.

In Deutschland ist diesem Tag in einigen Bundesländern ein Feiertag.

5.4.2. „St. Martin" – Martinstag

Um ein Geschenk geht es auch beim nächsten Feiertag, welchen wir am 11. November begehen.

Sankt Martin war römischer Soldat und wurde Schutzpatron der Armen. Als Soldat teilte er mit einem Bettler seinen Mantel. St. Martin lebte vor mehr als 1.000 Jahren. Am Martinstag werden wir daran erinnert, dass Helfen und Teilen, vor allem gegenüber Schwächeren, sehr wichtig ist.

Als Bischof tat er viele „Wunder". Deshalb sprach man ihn nach seinem Tod heilig. Martin starb am 11. November 397.

Am St. Martinstag gibt es ein Lichtfest bzw. einen Lichter-Umzug. Meistens reitet ein als Martin verkleideter Mann auf einem Pferd voran und viele Kinder und Erwachsene folgen ihm in einem Umzug durch den Ort. Die Kinder tragen Laternen, die Erwachsenen Fackeln oder Leuchten. Der Zug endet oft an einer Kirche oder auf einem Festplatz. Dort gibt es dann „Martinshörnchen". Diese werden untereinander geteilt. Ein Kind geht zum Beispiel zu einer Freundin oder einem Freund und gibt ihr oder ihm vom eigenen Hörnchen ein Stück ab. Auch dies ist ein Symbol dafür, dass man gern mit anderen teilt oder ihnen gern hilft.

Der Martinstag ist kein gesetzlicher Feiertag in Deutschland.

6. Bibeltexte leicht erzählt

Hier nun noch lehrreiche und leicht verständliche Bibeltexte. In ihnen erfährt man von der Barmherzigkeit, Güte und Liebe Gottes und seines Sohnes Jesus Christus. Auch von Wundern und Familiengeschichten.

Mit ihnen können Sie Ihrem Kind vermitteln, was wichtig ist im Miteinander. Sie können Ihrem Kind erzählen, dass Jesus mit dem, wie er lebt, ein Vorbild ist für uns Menschen.

6.1. „DIE SEGNUNG DER KINDER" – KINDEREVANGELIUM

Das Markusevangelium (10. Kapitel, Verse 13–16) beinhaltet einen Text, den Pastorinnen und Pastoren gern als Lesung für eine Kindertaufe nutzen. Er wird deshalb auch als „Kinderevangelium" bezeichnet. Gleiches kann man auch im Matthäus- und im Lukasevangelium nachlesen.

Frauen hörten davon, dass Jesus sich auf dem Weg nach Jerusalem befand und Rast machte im Land Juda. Sie wollten ihre Kinder unbedingt zu Jesus bringen, dass er sie segnete. Die Jünger aber waren nicht einverstanden damit und wollten die Frauen verjagen. „Haut ab, Jesus hat etwas Besseres zu tun. Nehmt eure Schreihälse mit. Die Leute können gar nicht verstehen, was Jesus ihnen sagt." So oder ähnlich kann es gewesen sein. Die Frauen zogen sich mit ihren Kindern zurück. Da hörten sie, wie Jesus die Jünger zur Rede stellte. „Warum schickt ihr die Frauen und Kinder weg? Lasst sie herkommen. Was macht ihr denn?" Die Jünger waren erschrocken über Jesus. Sie hatten mit ihm schon viel erlebt und sich oft gewundert, dass er sich wirklich um jeden Menschen kümmert. Er schenkte schon Bettlern, Aussätzigen, Kranken und Zöllnern seine Aufmerksamkeit und half ihnen. Nun auch noch das. Frauen, die jetzt eigentlich ihre Arbeit auf den Feldern und in ihren Häusern verrichten sollten, dazu noch schreiende, quengelnde Kinder. Was soll das noch werden? Jesus' Jünger hatten ihre eigenen Ansichten, die nicht immer dem Verhalten von Jesus entsprachen. Nun segnete er sogar die Kinder.

„Lasst die Kinder zu mir kommen und wehret ihnen nicht; denn solchen gehört das Reich Gottes. Wahrlich, ich sage euch: Wer das Reich Gottes nicht empfängt wie ein Kind, der wird nicht hineinkommen. Und er herzte sie und legte die Hände auf sie und segnete sie."

Durch Jesus Geste bekamen die Kinder einen anderen Stand. Er machte klar, auch den Kindern gilt Gottes frohe Botschaft. „Er herzte sie ..." heißt so viel wie: Er schenkte ihnen seine Aufmerksamkeit, er wandte sich ihnen zu.

Für Jesus sind Kinder wichtig. Jedes einzelne Kind ist ein Geschenk Gottes. Jeder muss mit Kindern respektvoll umgehen. Wie das geht, wird uns deutlich gemacht in dieser Erzählung von der Begegnung Jesu mit den Frauen und Kindern.
Kinder haben ganz besonders unsere Aufmerksamkeit verdient. Wir können uns viel von ihnen abschauen. Sie gehen ohne Gram und

Hass durch die Welt, sind unvoreingenommen. Ihr Herz ist voll von Liebe, die sie bedingungslos weitergeben, weil sie ein Geschenk Gottes sind. Sie verhalten sich so ganz anders als Erwachsene, wissen noch nichts von Gut und Böse, Arm und Reich. Was sie geben, tun sie freiwillig und aus tiefstem Herzen, weil sie die Menschen so annehmen, wie sie sind.

Erst später ändert sich das. Wenn sie sich durchs Leben kämpfen müssen, sich aus Unwissenheit an falsche Ideale hängen oder sich Vorbilder suchen, die ihnen nicht guttun. Erst dann geben sie nicht mehr freiwillig und bedingungslos. Durch den Glauben und die Wertevermittlung kann man die Kinder wieder auf den richtigen Weg bringen.

Jesus weiß das alles und erhebt die unschuldigen Kinder. Sie haben seinen Segen wahrlich verdient.

6.2. „DIE ZEHN GEBOTE" – UND GOTT REDETE ALLE DIESE WORTE

Vor ungefähr 3000 Jahren stellte Gott Regeln für das Miteinander der Menschen auf.

Im 2. Buch Mose (Exodus) wird uns darüber im 20. Kapitel so berichtet:

Mose bekam von Gott den Auftrag, das Volk Israel aus Ägypten zu holen. Den Israeliten ging es in Ägypten sehr schlecht. Gott wollte sie retten und sie nach Hause bringen. In das Land, wo Milch und Honig fließt – nach Kanaan. Das sollte Mose für ihn tun.

Mose ging also zum Pharao, der der König Ägyptens war. Er brachte ihm die Botschaft Gottes und forderte ihn auf, das Volk Israel gehen zu lassen. Das war erst gar nicht so einfach. Der Pharao wollte die Israeliten nicht ziehen lassen. Mose berichtete Gott davon und Gott brachte zehn Plagen über Ägypten. Zum Beispiel gab es eine Froschplage, eine Stechmückenplage und eine Heuschreckenplage. Tiere wurden krank und starben. Schwere Unwetter brachen über Ägypten herein. Das Unwetter brachte riesige Hagelkörner mit, die Menschen und Tiere trafen und das Korn auf den Feldern vernichteten. Dem Pharao war das egal.

Nach jeder Plage versprach er Mose, dass der das Volk Israel mitnehmen dürfe, wenn er es schafft, die Plage zu beseitigen. Der Pharao hielt sein Wort aber nicht, deshalb schickte Gott eine Plage nach der anderen. Erst nach der zehnten Plage ließ der König den Mose mit dem Volk Israel gehen und erlaubte sogar, dass sie alles mitnehmen dürfen, was sie für ihren langen Marsch benötigten.

Gott begleitete Mose und die Israeliten. Tagsüber schickte er ihnen eine Wolke, die ihnen den Weg zeigte. und nachts schickte er ihnen Licht. So fanden sie den Weg.

Sie wanderten durch das Rote Meer und durch die Wüste. Die ganze Zeit sorgte Gott durch Mose dafür, dass alle genug zu essen und zu trinken hatten. Es musste keiner verdursten oder verhungern. Auch ein Überfall konnte abgewehrt werden. Gott sei Dank. Das Volk Israel versprach, nie mehr zu vergessen, was Gott für sie tat.

Es dauerte viele Wochen, bis sie endlich am Berg Sinai ankamen. Das Volk Israel bereitete sich auf den Tag vor, an dem Gott zu ihnen kommen wollte. So hatte Mose es ihnen erzählt. „Gott kommt und macht euch zu seinem Volk." Am dritten Tag kam die Wolke Gottes mit Blitz und Donner. Der Berg Sinai erbebte. Die Israeliten bekamen Angst und trauten sich nicht in die Nähe des Berges.

Mose stieg allein auf den Berg und redete mit Gott. Gott sprach zu Mose „Ich bin der Herr, dein Gott. Ich habe euch aus Ägypten, aus der Sklaverei geführt. Nun gehört ihr zu mir. Darum sollt ihr meine Gebote halten."

Und Gott zählte seine Gebote auf.

Es geht in den Geboten u. a. darum, nur einen Gott zu haben, Feiertage zu halten, die Eltern zu ehren, nicht zu töten, nicht zu stehlen, über keinen anderen Menschen schlecht zu reden.

Gute Dinge also.

Gute Dinge, die auch heute noch wichtig sind. Auch für Kinder. Sie bekommen von ihren Eltern Regeln, Gebote und Verbote. Dabei können Gottes Gebote eine gute Hilfe und Unterstützung sein. Die Gebote geben den Kindern Sicherheit und vermitteln ihnen Werte der Gesellschaft.

Wenn Sie als Eltern sich intensiv mit den Geboten Gottes auseinandersetzen, dann werden Sie erkennen, dass es kein eingestaubter Kram ist, sondern aktuell und mitten im Leben. Ich würde fast sagen, es sind Wünsche, die den Menschen aus dem Herzen sprechen. Auch Kinder haben schon Wünsche und Moralvorstellungen, wie sie sich das Miteinander denken. Da sind Sie als Eltern gefordert, es in eine gute Richtung zu lenken.

6.3. „AUF DER HOCHZEIT" – WASSER ZU WEIN

Jesus konnte auch Wunder vollbringen. Auf einer Hochzeit in Kanaan zum Beispiel verwandelte er Wasser in Wein. Nachzulesen im Johannesevangelium, Kapitel 2.

Es war ein großes Fest. Das Hochzeitspaar hatte viele Verwandte und Freunde eingeladen. Jesus kam mit seiner Mutter Maria und seinen Jüngern zu dieser Hochzeit. Es gab viele köstliche Speisen. Der Wein floss in Strömen. Die Menschen waren fröhlich und feierten ausgelassen. Es gab Musik, man tanzte und sang.
Plötzlich ging der Wein zur Neige. Die Diener waren ratlos. Was sollten sie tun? Woher so schnell neuen Wein beschaffen?

Maria sprach mit Jesus und ermunterte ihn „Komm, hilf ihnen. Ich weiß, dass du das kannst." Aber Jesus wollte nicht. „Jetzt nicht Mutter. Lass mich doch." Maria wunderte sich über ihren Sohn und ergriff die Initiative. Sie sagte zu den Dienern, dass sie alles so machen sollten, wie Jesus es ihnen befehlen würde.

Dann plötzlich kam Jesus dazu. Vor dem Haus standen große Wasserkrüge. Er befahl den Dienern, dass sie diese Krüge mit Wasser füllen sollten. Anschließend sollten sie einen Becher raus schöpfen und ihn dem Speisemeister bringen. Das taten sie. Der Speisemeister war überrascht. „Woher kommt denn dieser köstliche Wein?" Er ließ den Bräutigam kosten. „Warum geben wir jetzt erst diesen köstlichen Wein aus? Er ist doch viel besser als der andere Wein, den wir zuerst angeboten haben." Der Bräutigam wusste auch nicht, woher dieser neue Wein so plötzlich kam.

Die Diener schwiegen. Nur sie wussten, was passiert war. Aus Wasser wurde Wein, weil Jesus ein Wunder vollbracht hatte. Das Fest ging fröhlich weiter. Alle genossen den Wein und die fröhliche Stimmung.

Jesu Jünger, die alles mitbekommen hatten, glaubten endlich, dass Jesus der Retter war. Das hatte er mit diesem Wunder bewiesen.

6.4. „JESUS HILFT"

Im Markusevangelium wird von so einigen Begegnungen berichtet, in denen Jesus Menschen in Krankheit und Not Hilfe leistet.

6.4.1. Der Aussätzige

Ein alter Mann, der sehr krank war, wurde von den Menschen seiner Stadt ausgestoßen. Er musste allein außerhalb des Ortes wohnen. Die Menschen hatten Angst vor ihm, weil er im Gesicht und an

Händen und Füßen entstellt war. Er bekam keine Besuche. Auch seine Freunde wollten nicht mehr viel von ihm wissen. Sie versorgten ihn, stellten aber das Essen nur vor seine Hütte und liefen dann weg.

Eines Tages kam Jesus an seiner Hütte vorbei. Der Mann überlegte nicht lange und lief Jesus entgegen. Wenn der sich ihm näherte, dann hatte er keine Angst, sich anzustecken oder Ähnliches. Der Mann fiel vor Jesus auf die Knie, streckte ihm seine kranken Hände hin und bat ihn „Hilf mir bitte, Herr. Du kannst mich bestimmt heilen." Jesus berührte die Hände des Mannes und sagte zu ihm, er sei nun gesund. Der Mann rannte los, er wollte wieder nach Hause, in die Stadt. Jesus ermahnte ihn noch „Sage keinem, dass ich es war." Der Mann aber war so glücklich, dass er die Mahnung vergaß und allen, die danach fragten, erzählte, dass Jesus ihn geheilt hat.

6.4.2. Der Gelähmte

In der Stadt Kapernaum gab es einen Gelähmten. Der Mann konnte gar nichts. Nicht stehen, nicht gehen. Auch die Hände und Füße konnte er nicht mehr bewegen. Auch musste er gefüttert werden. Eines Tages kamen seine Freunde, nahmen den Mann auf seiner Matte mit. Sie gingen so mit ihm durch die Stadt. Jesus war in der Stadt. Die Männer brachten ihren Freund zu Jesus. Leider kam die Gruppe nicht ins Haus. Das Haus war überfüllt mit Menschen, die alle Jesus sehen und hören wollten.

Die Männer hatten eine Idee. Sie trugen den Mann über eine Außentreppe auf das Dach. Dann deckten sie das Dach ab und machten ein Loch, sodass sie in das Haus schauen konnten. Jesus stand unter ihnen. Die Männer knüpften Seile an die Matte und ließen ihren Freund daran hinab in das Haus, genau vor Jesus' Füße. Jesus schaute auf den Mann und sprach zu ihm: „Dir sind deine Sünden vergeben."

Die Menschen in dem Haus, unter denen auch Gelehrte waren, verstummten. Was bildete sich denn der Jesus ein? Vielleicht, dass er selbst Gott ist? Sie waren empört. Jesus ging auf sie zu und fragte geradeheraus „Was meint ihr denn? Kann man eher Sünden vergeben oder Krankheiten heilen? Ich kann beides. Das habe ich von Gott." Zu dem kranken Mann sprach Jesus „Steh nun auf. Nimm deine Matte. Geh nach Hause." Der Mann tat, wie Jesus ihm gesagt hatte. Er konnte wieder stehen und gehen, seine Hände und Füße wieder bewegen. Der Mann ging fröhlich nach Hause.
Die Menge staunte, da sie so etwas noch nie gesehen hatten. Lautstark lobten sie Gott und sangen Loblieder.

6.4.3. Die Sturmstillung

Jesus und seine Jünger saßen am See Genezareth. Es war Abend, das Feuer prasselte. Die Sterne leuchteten und kleine Wellen plätscherten leise vor sich hin. Jesus wurde an diesem Tag von vielen Menschen aufgesucht. Sie alle wollten seine Hilfe erbitten. Er war müde am Ende des Tages. Aber die Menschen kamen auch weiterhin und Jesus fand keine Ruhe.

„Kommt", sprach Jesus zu seinen Jüngern, „kommt, wir nehmen ein Boot und fahren an das andere Ufer. Ich bin müde. Vielleicht komme ich dort drüben zur Ruhe."

Die Jünger stiegen gemeinsam mit Jesus ins Boot und fuhren auf den See hinaus. Jesus legte sich nieder und schlief ein.

Plötzlich ändere sich das Wetter und aus dem sanften Wind, der gerade noch war, wurde ein Sturm. Der Wind und die Wellen tobten, der Himmel war dunkel. Dann zerriss auch noch das Segel. Der Sturm wurde so stark, dass das Wasser ins Boot schwappte und die

Jünger bekamen Angst. Sie fürchteten, dass sie mit dem Boot untergehen könnten.

Sie jammerten und zitterten. In ihrer Angst weckten sie Jesus und schrien laut. „Wie kannst du schlafen? Hilf uns, sonst gehen wir unter!" Jesus sah in die ängstlichen Augen seiner Jünger. Er stand auf und hob die Hände gegen den Sturm. Er rief laut „Sei ruhig!" So geschah es. Der Sturm legte sich, die Wellen beruhigten sich, das Boot schaukelte wieder sanft auf dem Wasser.

Dann sah Jesus seine Jünger an. Er wunderte sich. „Vertraut ihr mir nicht? Warum habt ihr so große Angst, obwohl ich bei euch bin?"

Die Jünger wussten nicht, was sie darauf antworten sollten. Sie raunten sich nur zu, was für Kraft Jesus haben muss, wenn ihm Wind und Wellen gehorchen.

Die Sturmstillung erzählt vom Vertrauen zu Gott. Menschen erfahren auch Lebensstürme. In diesen sollten sie nicht ihren Glauben verlieren, denn Gott führt sie durch diese Stürme. Der Glaube kann eine große Stütze sein für uns Menschen.

6.5. „DIE FRAGE NACH DEM EWIGEN LEBEN – DER BARMHERZIGE SAMARITER"

Im 10. Kapitel des Lukasevangeliums lesen wir über folgende Begegnung:

Eines Tages begegnete Jesus ein Gelehrter, der sich gut in der Heiligen Schrift (Bibel) auskannte. Aber, er war falsch und stellte Jesus eine Falle. Der Gelehrte fragte Jesus nämlich, was man tun müsste, um zu Gott zu kommen. Natürlich verwies Jesus den Gelehrten auf die Gebote Gottes. „Kennst du sie?", fragte Jesus den Gelehrten. „Natürlich kenne ich sie. Es steht geschrieben, dass ich Gott von ganzem Herzen lieben soll. Und meinen Nächsten soll ich lieben wie mich selbst. Aber, Jesus, sag mir, wer ist mein Nächster?" Der Gelehrte tat so, als wüsste er es nicht, und wollte nur hören, was Jesus wohl darauf sagen würde.

Jesus fiel als Antwort eine Geschichte ein, die er dem Gelehrten erzählte.

Eines Tages wurde ein Mann überfallen. Räuber hatten ihn geschlagen, ihn bestohlen, ihm seine Kleider geklaut. Halbtot war der Mann. Er war verzweifelt. Er wusste ja nicht, wer ihm hier helfen könnte. Doch plötzlich hörte er Schritte, sah einen Priester kommen, der wohl gerade im Tempel war zum Gebet. Er flehte diesen an „Hilfe mir doch. Ich bin verletzt und wurde ausgeraubt." Dem Priester war das egal. Er ging seines Wegs und ließ den armen Mann einfach liegen.

Kurze Zeit später hörte der verletzte Mann wieder Schritte. Da kam ein Levit des Weges. Leviten waren die Diener der Priester. Er kam bestimmt auch gerade aus dem Tempel. „Hilf mir, ich bin verletzt. Bitte." rief der Mann wieder. Ohne Erfolg. Auch der Levit ging an ihm vorbei und ließ ihn liegen in seiner Not.

Zum dritten Mal hörte der verletzte Mann Geräusche. Es kam ein Mann auf einem Esel angeritten. Er war Samariter. Vielleicht hilft er mir, überlegte der Mann. Aber, nein, das wird er nicht tun. Ich bin Jude, der Samariter ist es nicht. Der hilft mir bestimmt nicht. Also versuchte es der verletzte Mann gar nicht erst.

Doch, was war das? Der Samariter stoppte den Esel, stieg ab und ging zu dem verletzten Mann. „Kann ich dir helfen? Kannst du aufstehen?" Der Samariter reinigte die Wunden, legte Verbände an und half dem Mann dann, sich auf den Esel zu setzen. Er führte beide bis zur nächsten Herberge. Dort trug er den Verletzten ins Haus, blieb bei ihm und pflegte ihn.

Am nächsten Morgen musste der Samariter weiter. Er zahlte dem Wirt das Zimmer. Dazu gab er ihm noch Geld, dass der Wirt sich um den Mann kümmere und ihn gesund pflege. „Wenn das Geld nicht ausreicht, dann bekommst du mehr, wenn ich wieder hier bin", sagte er und ging.

Nach einer kurzen Erzählpause wandte sich Jesus nun an den Gelehrten. „Sag du mir, wer war dem Verletzten der Nächste?" „Natürlich der Samariter", antwortete der Gelehrte. Jesus erwiderte darauf „Eine gute Antwort, die du mir da gibst. Dann mache es ihm gleich", und ging fort.

6.6. „JOSEF UND SEINE BRÜDER"

So steht es geschrieben im 1. Buch des Mose (Genesis), im 37. Kapitel:

Der Stammvater Jakob lebte mit seiner Familie in Kanaan. Jakob hatte 12 Söhne. Sein Sohn Josef war das zweitjüngste aller Kinder. Jakob verwöhnte seinen Sohn Josef sehr. Schenkte ihm zum Beispiel neue Kleider. Josef träumte oft davon, dass ihn alle verehrten und sich ihm unterwarfen. Er erzählte seinen Brüdern und auch seinem Vater von seinen Träumen. Alle waren schon verärgert und konnten nicht verstehen, warum Josef davon träumte, dass sich seine Familie vor ihm tief verbeugen sollte. „Sollen wir alle uns vor dir auf die Erde werfen?" Hinzu kam, dass die Brüder eh schon eifersüchtig waren auf Josef, da sein Vater ihn besser behandelte als alle anderen Kinder. Josef musste nämlich auch weniger arbeiten als seine Brüder und konnte sich oft einen gemütlichen Tag machen.

Eines Tages schickte der Vater den Josef auf die Weide. Er sollte schauen, ob seine Brüder sich auch gut um das Vieh kümmern würden. Seine Brüder wollten sich nicht von Josef herumkommandieren lassen und waren verärgert. Die Brüder beratschlagten, wie sie ihn loswerden konnten. Sie entschieden, Josef umzubringen und in einen Brunnen zu werfen.

Der älteste der Brüder, Ruben hieß er, sprach für Josef und schlug vor, ihn nicht zu töten, sondern ihn einfach nur verschwinden zu lassen. Man könnte ihn in einen ausgetrockneten Brunnen werfen und fertig. Im Stillen hatte Ruben schon beschlossen, Josef dann aus dem Brunnen zu befreien und wieder nach Hause zu holen.

Kaum war Josef bei seinen Brüdern auf der Weide angekommen, packten sie ihn, zogen ihm sein schönes neues Gewand aus und warfen ihn in den ausgetrockneten Brunnen.

Als die Brüder wieder auf der Weide bei den Tieren war, kreuzte eine Karawane ihren Weg. Die Brüder beschlossen, Josef aus dem Brunnen zu holen und ihn an die Karawane zu verkaufen. Gesagt, getan. Die Händler kauften Josef für 20 Silberstücke ab und nahmen ihn mit. Als Ruben Josef aus dem Brunnen befreien wollte, war der verschwunden. Um ihren Handel zu vertuschen, tauchten die Brüder Josef sein Gewand in das Blut eines geschlachteten Ziegenbocks. Sie schickten die Diener damit zum Vater. Jakob war außer sich. „Mein Sohn Josef ist tot. Ein wildes Tier hat ihn gerissen. Ich werde um ihn trauern, bis ich sterbe."

Die Karawane nahm Josef mit nach Ägypten. Die Händler verkauften ihn an Potifar, einen Hofbeamten des Pharaos und Obersten der königlichen Leibwache. Potifar nahm Josef als persönlichen Diener an. Josef wurde von Gott gesegnet und ihm gelang alles, was er tat. Als Potifar erkannte, dass Josef ein tüchtiger Mann war, übertrug er diesem die Hausaufsicht und die Verwaltung seines Besitzes. Die Frau des Potifar wollte sich unbedingt mit Josef anfreunden, weil sie oft allein war. Das lehnte Josef ab. Sie redete dann schlecht und vor allem falsch über ihn, weil sie sauer auf Josef war.

Potifar glaubte aber seiner Frau und ließ Josef ins Gefängnis bringen. Der Aufseher übertrug ihm dort wichtige Aufgaben. Auch hier war Josef also nicht ohne Gott.

Im Gefängnis lernte er dann den höchsten Mundschenk und den höchsten Bäcker des Pharao kennen. Er deute ihre Träume und seine Vorhersagen trafen ein. Zum Dank der richtigen Deutung versprach der Mundschenk, für Josef ein gutes Wort beim König einzulegen. Als der Mundschenk frei und wieder im Dienst des Königs war, freute er sich, vergaß aber den Josef im Gefängnis.

Ein paar Jahre später hatte der Pharao Träume, die ihn beunruhigten. Wieder war kein Traumdeuter zur Hand, der ihm die Träume richtig deuten konnte. Der Mundschenk erinnerte sich an Josef. Auf Befehl des Königs kam Josef aus dem Gefängnis. Man schnitt ihm die Haare, gab ihm frische Sachen zum Anziehen. Der Pharao erzählte Josef seine Träume. Es ging um schöne Kühe und pralle Ähren, um hässliche Kühe und dünne Ähren. Josef deutete die Träume mit sieben guten Jahren und sieben schlechten Jahren. Er gab dem Pharao den Rat, in der guten Zeit für die schlechten Jahre etwas anzusparen.

Da Josef dem Pharao sehr klug schien, machte er Josef zu seinem Stellvertreter. Schließlich hatte Josef einen guten Draht zu Gott. Josef bekam den königlichen Ring, eine goldene Kette und einen eigenen Wagen.

Josef machte sich auf den Weg, genügend Vorräte für die dürren Jahre zusammenzutragen. Zudem heiratete er die Tochter eines Priesters. Josef legte Speicher an, ließ von überall her das überschüssige Korn bringen. Als dann die guten Jahre vorbei waren, konnten die Menschen mit dem Korn aus den Speichern versorgt werden. Das Korn reichte sogar für Menschen, die aus anderen Ländern nach Ägypten kamen. Josef rettete die Menschen. Er war dankbar, dass Gott immer an seiner Seite war und ihm beistand. Mittlerweile hatte er auch zwei Söhne.

Auch in Kanaan, Josefs Heimatland, gab es eine Dürre. Jakob schickte zehn seiner Söhne los, Korn in Ägypten zu kaufen.

Unweigerlich trafen die Söhne Jakobs auf ihren Bruder Josef. Er war ja quasi der Oberverkäufer des Korns. Seine Brüder erkannten ihn nicht. Josef gab sich auch nicht zu erkennen. Sie behandelten einander wie Fremde. Josef klagte seine Brüder an, sie seien Spione. Als Beweis dafür, dass sie keine Spione wären, mussten neun Brüder zurück nach Kanaan, den jüngsten Bruder holen. Den zehnten Bruder behielt Josef in Ägypten. Er ordnete an, dass seine Brüder noch Reiseproviant bekommen und heimlich sollte ihnen auch das Geld, welches sie für das Korn bezahlt hatten, in die Säcke gelegt werden. Das entdeckten die Brüder unterwegs. Sie wurden noch ängstlicher. Alles ist eine Strafe für das, was wir unserem Bruder angetan haben.

Als die Neun zu Hause ankamen, blieb Jakob stur. Er wollte nicht noch einen Sohn hergeben und alle mussten zu Hause bleiben. Nach einiger Zeit war das Korn aus Ägypten aufgebraucht. Dieses Mal ließ Jakob alle zehn Söhne ziehen. Er gab ihnen Geschenke mit für die Ägypter und die doppelte Menge an Geld, sodass sie die erste Lieferung noch einmal bezahlen konnten. Jakob dachte, es war ein Irrtum, dass die Söhne das Geld wieder nach Hause gebracht hatten.

Josef lud alle Brüder zu sich in den Palast ein. Die Brüder bekamen wieder Angst und vermuteten, sie werden festgenommen, als der Verwalter sie zum Palast führte. Die Brüder erfrischten sich, betraten dann Josefs Haus. Sie warfen sich vor ihm nieder und überreichten die mitgebrachten Geschenke.

Josef war sehr gerührt, dass er alle seine Brüder wiedersehen konnte. Auch dieses Mal wurden alle Säcke randvoll gefüllt mit Korn und das Geld, welches sie bezahlt hatten, obenauf gelegt. Josefs silbernen Becher sollten die Diener in den Sack des jüngsten Bruders tun.

Auf dem Heimweg wurden sie von ägyptischen Reitern eingeholt. Diese untersuchten das Gepäck der Brüder und fanden den silbernen Becher. Die Brüder wussten nicht, wie der Becher in ihr

Gepäck gelangt war. Alle mussten ihre Esel wieder beladen und umkehren, zurück in die Stadt. Die Brüder wurden zu Josef geführt. Sie baten ihn, den Bruder Benjamin gehen zu lassen, sonst würde es dem Vater das Herz brechen. Alle anderen wollten bleiben.

Josef war so gerührt, dass er sich seinen Brüdern endlich zu erkennen gab. Die Brüder waren sprachlos. Alle lagen sich in den Armen.

Der Pharao, der von allem erfahren hatte, gab Jakob und seinen Söhnen fruchtbares Land. Die Brüder zogen nach Hause, kehrten mit Jakob und ihren Familien zurück und alle lebten in Ägypten.

Als die Familie kam, lief Josef seinem Vater entgegen und beide freuten sich über das Wiedersehen.

Siebzehn Jahre lebten alle gemeinsam in Ägypten.

Jakob fühlte sein Ende nahen. Er nahm Josef das Versprechen ab, dass die Familie ihn, Jakob, in seiner Heimat begraben würde. Alle Söhne bekamen zum Abschied vom Vater ein Segenswort. Nach seinem Tod wurde er, wie versprochen, in Kanaan begraben.

Der Tod des Vaters weckte bei den Brüdern wieder die Angst, dass Josef sie doch noch für das bestrafen würde, was sie ihm angetan hatten.

Dem war nicht so. Josef schloss Frieden mit seinen Brüdern und dankte Gott, dass sich alles doch noch zum Guten gewendet hat.

6.7. „VOM VERLORENEN GROSCHEN" – EIN GLEICHNIS

Einige Gleichnisse finden wir z. B. im Lukasevangelium. Jesus nutzt Gleichnisse dafür, uns Menschen Gottes Handeln und den Glauben zu erklären. Er erzählt in einfacher, verständlicherweise und benutzt Bilder.

In diesem Gleichnis geht es um Folgendes:

Eine Frau hat zehn Groschen und verliert einen davon. Sie macht Licht an, fegt und sucht überall und so lange, bis sie diesen einen Groschen gefunden hat. Sie erzählt es ihren Freundinnen und Nachbarinnen. Sie sollen sich mit ihr freuen, dass sie den Groschen wiedergefunden hat.

So sehr, wie die Frau sich über den einen Groschen freut, wird sich Gott freuen, wenn ein einziger Sünder merkt, dass er nichts Gutes getan hat, es bereut und sich wieder Gott zuwendet.

7. Zu guter Letzt

7.1. IST ALLES SO PASSIERT, WIE ES IN DER BIBEL STEHT?

Im Laufe von Jahrtausenden wurde alles mündlich weitererzählt. Viele Menschen konnten nicht lesen und/oder schreiben. Man kann annehmen, dass durch das Erzählen einiges abgewandelt, hinzugefügt oder weggelassen wurde. So kann man sagen, dass die Erzählungen dem Ursprung schon nahekommen.

In der Bibel lesen wir von historischen Personen. Fragen, die Menschen damals bewegten und auch noch heute bewegen, werden beantwortet.

Propheten hielten ab dem 8. Jahrhundert ihre Worte schriftlich fest. Durch die Verkleinerung Israels im 7. Jahrhundert wurden Schriften zusammengefasst, zum Teil neu geschrieben. Auch das babylonische Exil hatte großen Einfluss auf das Festhalten der Texte. Das Judentum entstand während der Zeit und es wurden neue Texte verfasst.

Die Vervielfältigung der Schriften erfolgte nur handschriftlich.

Johannes Gutenberg druckte 1452 das erste gebundene Werk. Es war die Bibel. In lateinischer Sprache wurden 200 Exemplare gedruckt. Sie umfasste 42 Zeilen pro Spalte.

Mit Weiterentwicklung der Buch- und Druckkunst entstand 1710 die erste Bibel, die mit ca. 5 Mio. Buchstaben auf einmal gedruckt wurde.

7.2. WER WAR JESUS?

Jetzt haben wir schon so viel über Jesus gehört. Aber, wer war er eigentlich? Wie hat er gelebt? Was hat er gemacht?

Wir haben schon gehört, dass Jesus in der Heiligen Nacht geboren wurde. Es soll 8 bis 4 vor unserer Zeitrechnung gewesen sein. Zu dieser Zeit regierte König Herodes. Jesus wurde zum Tode verurteilt und ist auferstanden. Aber, was ist in der Zeit dazwischen passiert?

Jesus wurde in einem Stall in Bethlehem geboren.

Seine Eltern sind Maria und Josef. Seine Großeltern mütterlicherseits hießen laut der Legende Anna und Joachim. Der Großvater väterlicherseits wurde Elis gerufen. Anna wurde erst Mutter, als sie ziemlich alt war. Sie betete immer zu Gott, dass er ihr helfen sollte, ein Kind zu bekommen. Und sie versprach, dass sie das Kind dann in einen Tempel bringen wollte. Als Maria noch klein war, tat Anna dies auch. Es wird erzählt, dass Maria im Tempel an einem großen Vorhang gewebt hat. Weil Anna ihr Versprechen gehalten hat, Maria in den Tempel zu bringen, wurde sie später heiliggesprochen.

Josef, auch Josef von Nazareth genannt, war nicht der leibliche Vater von Jesus, wie wir auch schon gehört haben. Josef war Zimmermann, stammte aus Bethlehem und lebte in Nazareth. So nachzulesen im Lukasevangelium.

Nach der Geburt von Jesus heirateten Josef und Maria.

Jesus hatte einige Geschwister. Jakobus, Joses, Judas und Simon als Brüder, die Namen seiner Schwestern sind nicht bekannt. Sie alle lebten zusammen in einem kleinen Dorf.

Er wurde religiös erzogen. Mit 12 Jahren soll er seine Mizwa bekommen haben. Das heißt, er hatte dann als Mitglied der jüdischen Gemeinschaft alle Rechte und Pflichten wie die erwachsenen Gemeindeglieder.

Gemeinsam mit seinen Geschwistern hat er die Schule besucht. Diese befand sich in der Synagoge. Am Sabbat (am Samstag) gab es in der Synagoge Gottesdienste, an den anderen Tagen Unterricht. Der Lehrer heißt Rabbi. Er las ihnen aus der Schriftrolle vor. Damals gab es die Bibel noch nicht als Buch, wie wir sie jetzt kennen, sondern es war alles auf eine dicke Papierrolle geschrieben. Diese wurde im Unterricht ausgerollt.

Jesus war ein fleißiger Schüler, immer sehr wissbegierig und er fragte den Rabbi sehr viel. Manchmal schlich er sich auch außerhalb des Unterrichts in die Synagoge und lauschte, worüber die Rabbiner sich unterhielten. Er wollte alles über Gott erfahren.

Auch zu Hause war Jesus fleißig. Er half seinem Vater bei der Arbeit, unterstützte ihn bei der Reparatur von Dächern, baute mit ihm Fenster und Türen.

Schon früh erkannte Jesus, dass es arme und reiche Menschen gibt. Mit seinem Vater kam er rum und erlebte viel. Er hinterfragte, warum das so ist, obwohl doch vor Gott alle Menschen gleich sind und Gott alle Menschen auch gleich achtet und gleich liebt.

Als Jesus 12 Jahre alt war, erlebten die Eltern mit ihm etwas Besonderes. Er nahm gemeinsam mit seinen Eltern an einer Wallfahrt nach Jerusalem teil. Als es an die Rückfahrt ging, vermissten ihn seine Eltern und suchten ihn. Sie fanden Jesus im Tempel. Dort saß er mit angesehenen Gelehrten der Heiligen Schrift und war in tiefgründige Gespräche vertieft. Seine Eltern ermahnten ihn und baten ihn, nun aufzubrechen. Daraufhin fragte Jesus sie, ob sie noch immer nichts bemerkt hätten, denn sein eigentliches Elternhaus sei doch der Tempel. Er, Jesus, ist im Hause Gottes zu Hause. (Lukas, 2)

Gott ist für uns nicht greifbar. Auch, wenn Jesus Gottes Sohn ist, Jesus war ein Mensch wie wir – aus Fleisch und Blut.

Er erkannte früh den Auftrag, den Gott ihm erteilt hatte. Diesen Auftrag will er leben und ausführen.

Jesus traf auf Johannes, den Täufer. Er wollte unbedingt von ihm getauft werden. Johannes, der Täufer, predigte am Jordan. Er rief die Menschen dazu auf, ein moralisch einwandfreies Leben zu führen. Menschen ließen sich von Johannes im Jordan taufen. Mit dieser Taufe bekannten sie sich dazu, ihr altes Leben hinter sich zu lassen und neu zu beginnen in Gottes Wort.

Zu seiner Taufe hatte Jesus ein Erlebnis, welches seinen ganzen weiteren Weg bestimmte. Er wurde von Johannes untergetaucht und dabei erschien ihm, Jesus, ein Licht. Wie eine Taube im Flug kam Gottes Geist zu ihm. Gottes Stimme sagte ihm: „Du bist mein geliebter Sohn, an dem ich Wohlgefallen habe." (Markus 1, Matthäus 2)

Johannes predigte von der Strafe Gottes und dem jüngsten Gericht nach dem Tod der Menschen.

Jesus dagegen predigte über Gottes Liebe und Zuneigung zu den Menschen und über seine Barmherzigkeit. Jesus erklärte den Menschen, dass man an die Liebe Gottes glauben muss. Nur dann kann man sie auch weitergeben.

In dem Erleben der Taufe sah Jesus seinen Auftrag, fühlt sich berufen. Er zog sich für 40 Tage in die Wüste zurück. Dort bereitete er sich mit Fasten auf seine große Aufgabe vor.

Später dann sammelte Jesus die Jünger um sich. Alles Menschen, die von Jesus Worten über Gott und von Gott begeistert waren. Sie folgten ihm, als er als Wanderprediger durch das Land zog. Zum Beispiel trat er in Galiläa und Judäa öffentlich auf. Es wurden immer mehr. Unter ihnen befanden sich auch Frauen.

Aus dieser Menge suchte er sich die 12 aus, die er am ehesten für geeignet hielt, ihn zu bei der Erfüllung seines Auftrages unterstützen. Auch sie sollten Gottes Wort weitertragen. Für sie änderte sich das Leben.

Es war aber nicht so einfach für Jesus, wie es sich gerade anhört. Seine Nachbarn, die Menschen seiner Stadt waren irritiert, fanden das, was Jesus sagte, nicht glaubwürdig. Sie glaubten nicht daran, dass Jesus diesen besonderen Auftrag hatte. Das enttäuschte ihn sehr, denn sie kannten ihn von klein auf und wussten eigentlich, dass sie ihm vertrauen konnten.

Von seinem Wirken haben wir in einigen Bibeltextauszügen bereits gehört, auch über die Verfolgung und den Tod.

7.3. DIE REISEN DES APOSTELS PAULUS

Apostel waren 12 Männer, die von Jesus direkt einen Auftrag erhielten, und zwar den Auftrag, den christlichen Glauben weiterzutragen und den Menschen von Jesus Christus zu erzählen. Von dem, was Jesus getan hat, wo er geholfen hat, wovon er gesprochen hat.

Paulus gehörte nicht direkt zu diesem Kreis. Man sagt, dass Paulus und Jesus sich nie begegnet sind.

Und doch ist Paulus eine wichtige Schlüsselfigur. Auf seinen Reisen brachte er das Christentum in die Welt.

Paulus ist vermutlich Anfang der Zeitrechnung nach Christus (n. Chr.) in Tarsus geboren. Er war Jude und sehr gebildet. Es wird vermutet, dass auch er wie der Rest seiner Familie Pharisäer war. Er hatte keine gute Meinung von den Menschen, die die Lehren von Jesus Christus verfolgten. So waren die Pharisäer.

Neben der Schriftausbildung absolvierte Paulus auch eine Ausbildung zum Zeltmacher. So konnte er sich seinen Lebensunterhalt verdienen, während er auf seinen Missionsreisen war. Die von ihm gegründeten christlichen Gemeinden mussten ihn finanziell nicht unterstützen.

Paulus war auch Abenteurer, Reisender, Verkünder, Briefschreiber, Wanderprediger, Zeltmacher. Er war ein eher kleiner Mensch. Wirkte im direkten Kontakt mit anderen Menschen unterwürfig. Beobachtete man den Paulus von Weitem, schien er doch recht mutig zu sein. Paulus war kein Mann der großen Worte, seine Stärke lag im Schreiben.

Durch eine Lichtvision des auferstandenen Jesus Christus wandte er sich vom jüdischen Glauben ab, ließ sich taufen und verkündete ab da an nur noch die Lehren Jesu. Und das kam so:

Paulus war als Pharisäer beauftragt, in verschiedenen Gemeinden nach Anhängern von Jesus zu suchen und diese festzunehmen. Er zerstörte auch deren Häuser und tat das alles mit Spaß daran.

Als er auf dem Weg nach Damaskus war, um auch dort seinen Auftrag zu erfüllen, sah er diese lichtvolle Erscheinung Jesu. Dieser rief ihn und fragte, warum Paulus ihn denn verfolgte. Paulus war natürlich verwirrt und fragte nach, wer der Rufer sei. Paulus bekam zur Antwort: „Ich bin der, den du verfolgst. Ich bin Jesus."

Nach dieser Erscheinung erblindete Paulus. Nach mehreren Tagen heilte ihn ein Christ.

Aufgrund dieser Erfahrung ließ Paulus sich taufen und verkündete nur doch die Lehren von Jesus Christus. Er verbreitete auch unter den Menschen, dass Jesus Christus der Sohn Gottes ist. Er nannte sich selbst von da an auch einen von Gott direkt berufenen Apostel.

Von da an verkündete er das Evangelium und den auferstandenen Christus.

Juden und Nichtjuden griffen Paulus oft an. Es gab so etliche körperliche Auseinandersetzungen, bei denen es für Paulus oft nicht gut ausging.

Paulus war viel auf Reisen. Er wurde von anderen begleitet. Er hielt sich im östlichen Mittelmeerraum auf, gründete etliche Gemeinden, wie z. B. in Thessaloniki, Philippi, Korinth, Troas, Antiochias und Ephesus. Wenn die Gemeinden dann fähig waren, sich selbst zu organisieren, reisten Paulus und seine Begleiter in die nächste Stadt.

Paulus begab sich auch auf eine Rundreise durch Griechenland. Zu vielen Gemeinden hielt er Kontakt. In seinen Briefen an die Gemeinden berichtete er von aktuellen Problemen und Fragen der Menschen ein. Außerdem lehrte er sie weiter im christlichen Glauben.

Paulus war auch einige Male in Gefängnissen, wie z. B. in Philippi, Caesarea.

Geplant war auch eine Reise nach Rom. Von dort aus wollte er weiter zu Orten am westlichen Mittelmeer.

Dazu kam es nicht mehr, weil er in Jerusalem von römischen Behörden verhaftet und nach Rom gebracht wurde.

Sein Auftrag war, eine Kollekte (Geldsammlung) zur Urgemeinde nach Jerusalem zu bringen. In seinem Römerbrief schreibt er, dass er Sorge hat, dass er auf dieser Reise angefeindet wird, was auch geschah.

In Jerusalem wurde er verhaftet und angeklagt. Der Grund war, dass er angeblich einen Nichtjuden mit in den Tempel genommen hat. Damals stand auf so ein Vergehen die Todesstrafe. Paulus überstellte man an die Römer.

Der römische Kaiser Nero war bekannt für seine Christenverfolgung.

Es wird angenommen, dass Paulus durch das Schwert hingerichtet wurde und somit einen Märtyrertod starb.

7.4. WARUM BETEN?

Beten ist einfach. Mit Beten kann man bitten, danken, Wünsche aussprechen. Wir können alles vor Gott bringen. Im Gebet halten wir Zwiesprache mit Gott. Als Antwort bekommen wir Trost, Aufmunterung, Ermutigung und wir erfahren Gottes Liebe. Wir spüren sie.

Beten kann man überall. Gebete haben unterschiedliche Formen. Ein Tischgebet, ein Gute-Nacht-Gebet – solche Gebete kann man leicht mit Kindern beten. Wenn Sie nicht so genau wissen, was Sie sagen sollen, schauen Sie in die Bibel. Dort finden sich biblische Gebete.

Eins der wichtigsten Gebete ist für Christen das „Vaterunser". Im „Vaterunser lobpreisen wir Gott, ehren ihn und bringen unsere Nöte vor Gott. Auch die Jünger von Jesus waren ratlos und baten ihn „Herr, sag uns doch, wie wir beten sollen."

Jesus Antwort darauf war:
Vater unser im Himmel
Geheiligt werde dein Name.
Dein Reich komme.
Dein Wille geschehe,
wie im Himmel, so auf Erden.
Unser tägliches Brot gib uns heute.
Und vergib uns unsere Schuld,
wie auch wir vergeben unseren Schuldigern.
Und führe uns nicht in Versuchung,
sondern erlöse uns von dem Bösen.
Denn dein ist das Reich
und die Kraft
und die Herrlichkeit
in Ewigkeit.

7.5. PSALMEN

Auch Psalmen sind Gebete. In Psalmen spricht man mit Gott. Auch mit ihnen kann man danken, klagen, Auswege suchen. Egal, ob wir glücklich oder traurig sind, ob ängstlich oder zuversichtlich, ob wütend oder fröhlich: In Psalmen findet man Zuversicht und Zuspruch. Das eigene Vertrauen in Gott wird gestärkt.
Psalmen sind religiöse Texte, deren Inhalt poetisch dargestellt ist. Wenn wir keine Worte mehr finden, hilft uns ein Psalm weiter.

Psalmen stehen in den Gesangbüchern. Viele wurden vertont. In Klöstern wurden und werden sie gesungen.

Gottvertrauen ist wichtig. Es stärkt, macht zuversichtlich, beruhigt.

Der bekannteste Psalm ist Psalm 23. Der Psalm „Vom guten Hirten". Diesen möchte ich Ihnen zum Schluss ans Herz legen. Auch er ist ein Psalm Davids, des Königs David aus Jerusalem. Im ersten Vers wird auf ihn Bezug genommen. In Davidpsalmen wird das Leben und Wirken Davids in Verbindung mit den Psalmen aufgenommen. Sie wurden aber nicht von ihm verfasst.

In Psalm 23 kommt zum Ausdruck, wie tief Beterinnen und Beter mit Gott verbunden sind, wie viel Vertrauen sie zu Gott haben und in welcher Beziehung beide miteinander stehen. Er zeugt von der Liebe Gottes und von seiner Barmherzigkeit.

7.5.1. Psalm 23
Ein Psalm Davids.
Der HERR ist mein Hirte,
Mir wird nichts mangeln.

Er weidet mich auf einer grünen Aue
und führet mich zum frischen Wasser.
Er erquicket meine Seele.
Er führet mich auf rechter Straße
um seines Namens willen.
Und ob ich schon wanderte im finsteren Tal,
fürchte ich kein Unglück;
denn du bist bei mir,
dein Stecken und Stab trösten mich.
Du bereitest vor mir einen Tisch
im Angesicht meiner Feinde.
Du salbest mein Haupt mit Öl
und schenkest mir voll ein.
Gutes und Barmherzigkeit werden mir folgen
mein Leben lang.
Und ich werde bleiben im Hause des HERRN
immerdar.
AMEN

Ich wünsche mir, dass ich Sie nun ein wenig neugierig gemacht habe und Sie sich gemeinsam mit Ihrem Kind auf Entdeckung begeben wollen.

Das kleine Weltretten 1x1

Naturschutz, Umweltschutz & Klimaschutz für Einsteiger

Wie Sie die Probleme der heutigen Welt erkennen und in kleinen Schritten nach und nach verbessern

Marieke Gesing

Das erwartet Sie in diesem Buch

Unsere Welt ist im Wandel, das Klima verändert sich. Arten, die lange auf unserer Erde existiert haben, verschwinden und die Ressourcen werden knapp. Die Menschen sehen langsam ein, dass Entwicklung nicht immer gut ist. Wir beuten unsere Erde aus, dabei sollten wir sie pflegen, denn wir haben nur diese eine. Langsam setzt jedoch ein Umdenken ein, die Menschen versuchen, Fehler aus der Vergangenheit rückgängig zu machen. Es wird versucht, CO_2-Emissionen zu reduzieren, Ressourcen der Erde zu schonen und mehr auf die Natur zu achten. Doch hat man sich erst einmal an einen gewissen Lebensstandard gewöhnt, ist es schwer, diesen wieder aufzugeben oder Gewohnheiten zu ändern.

In diesem Buch werden die Hauptprobleme unserer Erde angesprochen, Themen wie Klimawandel, landwirtschaftliche Nutzung, die Energiewende und das Artensterben diskutiert und Ratschläge und Tipps gegeben, wie jeder Einzelne mithelfen kann, etwas Gutes für Natur und Umwelt zu tun. Es liegt an jedem, die Welt zu einem besseren Ort zu machen.

Unsere Welt heute

Heute leben so viele Menschen auf dem Planeten Erde wie noch nie zuvor. In den letzten zehn Jahren sind fast eine Milliarde Menschen hinzugekommen, sodass wir schon bald an die Grenze der acht Milliarden stoßen. Das bringt natürlich einige Konsequenzen für Natur und Umwelt mit sich.

Im Jahr 2021 leben 7,94 Milliarden Menschen auf der Erde. Diese benötigen vor allem anderen Platz zum Leben und müssen ernährt werden. Das bedeutet wiederum eine Intensivierung der Landwirtschaft, welche vor allem anderen ebenfalls Platz benötigt. Der Platz auf der Erde und ihre Ressourcen sind begrenzt und so gut wie ausgeschöpft. Zudem hinterlassen all diese 7,79 Milliarden Menschen einen ökologischen Fußabdruck, sei es in Form der CO_2-Emissionen, dem Müll, den sie verursachen, oder gar den Ressourcen der Erde, die sie verbrauchen, wie z. B. Benzin. Der Organisation ‚Klima ohne Grenzen gemeinnützige GmbH' zufolge ist der ökologische Fußabdruck der Menschheit zurzeit so groß, dass wir für diese Lebensweise 1,7 Erden benötigen würden (klimaohnegrenzen.de, 2020).

Die Tatsache, dass wir nun so viele Menschen auf dieser Erde sind und die Kapazitäten allmählich ausgeschöpft sind, hat einige

Konsequenzen für die Natur. Es kommt zu Verschmutzung, Erderwärmung, Versauerung der Meere, Artensterben und vielem mehr. Natürlich muss dem ganzen Prozess in großem Maßstab entgegengesteuert werden.

Doch was kann auch jeder Einzelne von uns im Alltag tun, um einen kleinen Beitrag gegen Klimawandel, Verschmutzung und Co. zu leisten? Im Folgenden werden einzelne Aspekte und Folgen der Überbevölkerung aufgegriffen und kleine Tipps gegeben, wie jeder im Alltag mit-helfen kann, die Welt ein kleines bisschen besser zu machen.

Das Ökosystem Erde

Besonders in den letzten Jahren und vor allem mit Voranschreiten der Wissenschaft wird deutlich, dass alle Vorgänge auf der Erde zusammenhängen, voneinander abhängen oder gar verbunden sind. Als Lebensraum der Erde dient nur die dünne Schicht rundum den Erdballen, vom Tiefseegraben bis hin zu den Gipfeln der Berge und die Lüfte. Diese ganz unterschiedlichen Lebensräume werden durch verschiedene Faktoren und Prozesse beeinflusst, die jedoch alle in irgendeiner Form miteinander verbunden sind. Der Wasserkreislauf, die Plattentektonik, die Zusammensetzung der Atmosphäre und damit verbundene Stoffkreisläufe, Winde und Meeresströmungen zeigen, dass es sich bei dem Planeten Erde um ein dynamisches System handelt, dessen Hauptantriebskraft die Sonnenenergie ist. Kommt es in diesem System zur Änderung eines Bausteins, macht es das System fragil. Diese Änderung, sei sie anthropogenen oder natürlichen Ursprungs, kann jeden weiteren Prozess beeinflussen, der damit in Verbindung steht, mit weitreichenden und unvorhersehbaren Folgen.

Das Klima wandelt sich

Aber warum eigentlich? Das Klima ändert sich, seitdem die Erde existiert. Es gab in der Vergangenheit der Erde mehrere Eiszeiten, aber auch Wärmeperioden und auch der Treibhauseffekt ist in der Erdgeschichte bereits vor Millionen von Jahren aufgetreten. Dieser Effekt war nach einer Studie von Kasting et al. (2003) dafür verantwortlich, dass zu Beginn der Entstehung der Erde, obwohl die Sonne ca. 30 % weniger intensiv war als heute, die Temperaturen auf der Erde doch vergleichbar mit den Temperaturen heute waren. Dies zeigt, dass der Treibhauseffekt einen enormen Einfluss auf das Klima der Erde haben kann. Nach der Entstehung des Lebens auf der Erde blieb das Klima jedoch immer in Bereichen, die auch ein solches Leben zulassen.

Der große Unterschied zur gegenwärtigen Klimaerwärmung ist, dass dieser Prozess nicht natürlich ist, sondern anthropogener Natur, und sehr schnell voranschreitet. In der Geschichte der Erde reden wir von Klimaänderungen über Millionen von Jahren. Heute können schon erhebliche Änderungen im Klima innerhalb weniger Jahre festgestellt werden.

Durch das Verbrennen von fossilen Energieträgern werden sogenannte Treibhausgase in die Atmosphäre ausgestoßen. Diese Gase, wie z. B. CO_2, Methan und Lachgas, reichern sich in der Atmosphäre der Erde an. Während die kurzwellige und energiereiche Strahlung der Sonne diese Schicht aus Treibhausgasen mehr oder weniger ungehindert passieren kann, werden die langwelligeren Wärmestrahlen, die von der Erdoberfläche reflektiert werden, von den Treibhausgasen absorbiert und verbleiben so in der Atmosphäre und heizen diese auf, ähnlich wie in einem Gewächshaus. Dieser Effekt ist allerdings nichts Neues für die Erde, er tritt sogar natürlicherweise auf und ist enorm wichtig für das warme Klima auf der Erde. Der natürliche Treibhauseffekt ist demnach für das Leben auf der Erde notwendig, die Verstärkung dieses Effekts durch anthropogene Einflüsse birgt allerdings große Gefahren. Der Anfang des Klimawandels heute kann auf den Zeitpunkt der Industrialisierung zurückgeführt werden. Ab diesem Zeitpunkt können globale Änderungen in der Konzentration der Treibhausgase in der Atmosphäre und somit auch Änderungen des Klimas verzeichnet werden. Das wirksamste Treibhausgas ist das Methan, welches hauptsächlich in der Viehzucht eine Rolle spielt, da es von Kühen bei Verdauungsprozessen produziert wird. Das wesentlich schwächere Treibhausgas CO_2 spielt allerdings durch seine Emissionsmenge die größte Rolle bei dem Treibhauseffekt, gefolgt von Methan und Lachgas.

ERDERWÄRMUNG

Durch den Treibhauseffekt erwärmt sich nicht nur die Erdatmosphäre, sondern durch die Wärmeübertragung auch die Ozeane mit enormen Folgen. Eines der größten Probleme, welches dieses Phänomen mit sich bringt, ist das langsame Abschmelzen der Polkappen. Die Arktis ist im Gegensatz zur Antarktis keine Landmasse von Eis überzogen, es handelt sich mehr um das Nordpolarmeer, auf dem eine mehrere Meter dicke Fläche reines Eis schwimmt. Schmilzt diese enorme Masse an Eis, bringt das mehrere Probleme mit sich. Es wird durch die zusätzlichen Wassermassen zu einem Anstieg der Weltmeere um mehrere Meter kommen. Zudem muss bedacht werden, dass es sich bei dem Polareis um Süßwasser handelt, welches beim Abschmelzen den jetzigen Salzgehalt des Meeres verdünnen würde. Man kann nur vermuten, welche Auswirkungen das auf wichtige Meeresströmungen wie z. B. den Golfstrom hat, der einen großen Anteil an dem milden Klima in Europa hat. Des Weiteren weiß man durch Kernbohrungen tief in die Eismassen, dass große Mengen an Methangas in dem uralten Eis des Nordpols gebunden sind. Ein Abschmelzen des Eises würde die Freisetzung dieses Methangases bedeuten, welches wiederum als Treibhausgas fungiert und den Treibhauseffekt verstärken würde, ein Teufelskreis.

Ein weiteres Problem, welches die rasche Erwärmung der Atmosphäre und Ozeane mit sich bringt, ist die Verschiebung der Artenspektren, sowohl im Wasser als auch an Land. Viele Tier- und Pflanzenarten können sich an die sich schnell ändernden Bedingungen nicht anpassen. Die Arten wandern, sofern sie denn können, in kältere Regionen ab oder sterben gar regional oder auch global aus. Dies ist auch der Grund, warum zum Beispiel Krankheiten bei uns auftreten, die bis vor einiger Zeit nur in Ländern wärmerer Klimazonen vorkamen. Überträger, meist Insekten, fühlen sich nun zunehmend auch in den wärmer werdenden Mittelmeerregionen wohl und gelangen so auch nach Europa.

Von der Klimaerwärmung an sich bekommen die Menschen eher weniger mit, ob ein Jahr im Durchschnitt etwas wärmer wird, ist für die Menschen kaum merklich. Was aber wahrscheinlich viele aus eigenen Erfahrungen bestätigen können, ist das immer extremer werdende Wetter. Die Sommer werden heißer und trockener, die

Winter kälter und nasser. So wird es vielleicht auch in einigen Jahren dazu kommen, dass Arten, die in unseren Breiten ganz gewöhnlich sind, bald nicht mehr hier vorkommen. Ein Beispiel hierfür ist das Fichtensterben. Man sieht zurzeit viele abgestorbene Fichten in den Waldbeständen. Das liegt daran, dass diese schwer mit den trockenen und heißen Bedingungen der letzten Sommer zurechtkommen und noch zusätzlich durch Parasiten geschwächt werden. So wird es vielleicht auch in der Zukunft dazu kommen, dass unser konventionelles Getreide wie Mais oder Weizen nicht mehr in Deutschland angebaut werden kann, da die Bedingungen hier zu extrem werden. So muss in der Zukunft vielleicht auf Arten zurückgegriffen werden, die mit diesen extremeren Konditionen besser zurechtkommen.

Eisbären in Gefahr

Die Eisbären stehen an der Spitze der Nahrungskette und sind eine der gefährlichsten Tierarten auf der Erde. Doch müssen wir mit zunehmender Erderwärmung und dem damit verbundenen Abschmelzen der Polkappen um den Lebensraum der Eisbären und damit um die Art selbst fürchten.

Eisbären verbringen die meiste Zeit auf dem Eis, um ihre Hauptbeute, die Robben, zu jagen. Die besten Jagdbedingungen finden Eisbären im Winter vor. Da müssen sie nur an den Atemlöchern der Robben warten, bis diese zum Luftholen auftauchen, und können so ihre Beute leicht erlegen. Deshalb dient die Winterzeit in der Arktis den großen Bären dazu, sich „Sommerspeck" anzufressen, da die Sommerzeit in der Arktis nahrungstechnisch magerer aussieht.

Forscher konnten allerdings in den letzten Jahren Veränderungen an den Eisbären in ihrem südlichsten Verbreitungsgebiet, der Hudson Bay, feststellen. Sie sind kleiner und dünner und haben weniger Nachwuchs. Es konnte eine Korrelation mit dem Rückgang des Eises festgestellt werden. Dünnere Eisschichten werden durch Wind und Meeresströmung leichter verdriftet. Das bedeutet für die Eisbären, dass sie auch weitere Strecken schwimmen müssen, um wieder auf anderes Eis zu gelangen. Eisbären sind sehr gute Schwimmer, in dem eiskalten Wasser ist das jedoch sehr Energie-zehrend. Noch ist die Situation der Eisbären noch nicht überall kritisch, doch denkt man an zukünftige Sommer in der Arktis ohne Eis, so lässt dies auch um die Zukunft der Eisbären bangen.

VERSAUERUNG DER MEERE

Nicht nur die Erwärmung der Ozeane stellt ein Problem für Meeresorganismen dar. Das Molekül CO_2 hat die Fähigkeit, sich in Wasser zu lösen. Nach einer Studie von Jury et al. (2010) absorbieren die Weltmeere etwa 25 % des in der Atmosphäre vorkommenden CO_2. Im Meerwasser gelöst, gehen die CO_2-Moleküle mit den Wassermolekülen eine chemische Reaktion ein, bei der sogenannte Oxoniumionen entstehen, die für die Versauerung der Weltmeere verantwortlich sind. Kommt es zudem zur Erwärmung der Ozeane, so steigt auch die Kapazität des Wassers, CO_2-Moleküle aus der Atmosphäre aufzunehmen, ein Teufelskreis. Dies hat weitreichende Folgen für die Bewohner der Ozeane. Arten verschwinden, sterben aus oder sind gezwungen, sich in kältere Regionen zurückzuziehen. Korallenriffe, die nur von der Artenvielfalt in den tropischen Regenwäldern übertroffen werden können, erscheinen nicht mehr in ihrer Farbenpracht, sondern in strahlendem Weiß. Was zurückbleibt, sind die Kalkskelette der Korallen, die sich über Kilometer weit ziehen. Zunächst nur ein Schutzmechanismus, kann die Koralle noch weitere zwei Wochen in diesem Zustand überleben und stirbt schließlich ab. Korallenriffe fungieren auch als Wellenbrecher und natürlicher

Tsunamischutz. Eine Aufgabe, der jedoch ein Riff in dieser Kondition nicht mehr gerecht werden kann.

Ein zusätzliches Problem ist das Schwinden des Phytoplanktons in den Ozeanen. Phytoplankton sind kleine Kieselalgen, die die Nahrungsgrundlage für das Zooplankton darstellen. Zooplankton ist Hauptnahrungsquelle zahlreicher Meeresbewohner wie der Blauwale, Finn- oder Bartenwale. Nicht nur, dass die Reduktion des Planktons die Existenz dieser Meeresbewohner gefährdet, sondern dadurch, dass es sich um Algen handelt, ist das Phytoplankton auch der wichtigste Sauerstoffproduzent auf unserer Erde, da die kleinen Algen Fotosynthese betreiben. Sie binden das CO_2 und produzieren daraus zwischen 50 und 80 % des Sauerstoffs in der Atmosphäre. Man kann sich vorstellen, welch ein Verlust diese Organismen auch im Kampf gegen den Klimawandel wären.

Doch was können wir tun?

Natürlich muss vor allem auch global etwas für das Klima der Erde gemacht werden, es geht jedoch auch an jeden Einzelnen. Wir können selbst in unserem Alltag so viel tun, um vor allem den CO_2-Ausstoß zu reduzieren. Im Folgenden ein paar kleine Tipps und Tricks, die jeder in seinem Alltag berücksichtigen kann:

- **Secondhand kaufen:** Bei der Produktion von Kleidern, Möbeln, Autos und Co. entstehen Treibhausgase, die in die Atmosphäre gepumpt werden. Reduzieren Sie das, indem Sie überlegen, ob Sie nicht vielleicht beim nächsten Kauf auf ein gebrauchtes Produkt zurückgreifen wollen, der Umwelt zuliebe.
- **Dinge reparieren und nicht gleich neu kaufen:** Manchmal lohnt es sich, über eine Reparatur nachzudenken, das schont oft nicht nur den Geldbeutel, sondern auch das Klima.

- **Fahrrad und öffentliche Verkehrsmittel benutzen:** Ein Punkt, den man immer wieder hört, der aber auch hier nicht fehlen darf, da der Anteil an Autogasemissionen einen enormen Anteil an der Klimaveränderung hat. Und bei den jetzigen Benzinpreisen lohnt es sich vielleicht wirklich mal, mit Zug oder Bus zu fahren.
- **Bioprodukte kaufen:** Über Bioprodukte mag jeder seine eigene Meinung haben. Fakt ist, dass diese Produkte klimafreundlicher produziert werden als Produkte aus der konventionellen Landwirtschaft. Also kaufen Sie Bio für das Klima.
- **Ökobanken:** Es gibt sogenannte Ökobanken, die bei der Anlage Ihres Geldes darauf achten, dieses nicht in der Waffenentwicklung oder klimaschädlichen Unternehmen anzulegen. Sie investieren stattdessen in erneuerbare Energien und nachhaltige Projekte.

Entwicklung der Landwirtschaft

Die Landwirtschaft steht heutzutage unter enormem Druck. Landwirte sind die Nummer eins der Nahrungsproduzenten der Menschheit. Es müssen Milliarden von Menschen ernährt werden, d. h. es muss eine gigantische Menge an Nahrung produziert werden. Diese muss in erster Linie günstig sein. Zudem gibt es etliche Auflagen, was die Landwirte tun dürfen und was nicht, vor allem in Hinblick auf das Klima. So ist es schwer, all diesen Punkten gerecht zu werden, und viele regionale Kleinbauern leben am Existenzminimum oder müssen gar ihre Höfe schließen, da es sich nicht mehr lohnt.

Lange konnte die Menschheit die Versorgung mit Nahrung sicherstellen, indem sie die landwirtschaftlichen Flächen auf Kosten der Natur ausgeweitet hat. Mittlerweile wird ungefähr die Hälfte der Fläche in Deutschland landwirtschaftlich genutzt. Der Platz ist begrenzt und die Fläche kann nicht ins Unendliche erweitert werden, sodass man nun auf die Intensivierung der Landwirtschaft zurückgreifen muss. Monokulturen werden angebaut unter Einsatz von

Pestiziden, um gute Ernteergebnisse einzufahren, Vieh wird auf engem Raum gehalten, um die Produktionskosten gering zu halten. Das hat einige Folgen für die Natur und Umwelt, die im Folgenden diskutiert werden.

FRAGMENTIERUNG DER LANDSCHAFT

Die Intensivierung der Landwirtschaft hat zu drastischen Veränderungen in unserer Landschaft geführt. Über die Hälfte der Fläche von Deutschland wird landwirtschaftlich genutzt. Das bringt mehrere Probleme mit sich. Es kommt zu einer Fragmentierung der Landschaft, Lebensräume werden zerschnitten. Es werden hauptsächlich Monokulturen angebaut, die keinen Lebensraum für Tiere und andere Pflanzen bieten. Es befindet sich ein Feld neben dem anderen. Weniger mobile Tiere schaffen es teilweise nicht, diese Barrieren zu überwinden. Eine Biene hat es beispielsweise schon schwer, über einen Acker mittlerer Größe zu fliegen.

Tiere wie der Feldhamster verschwinden, weil es für sie keinen Platz mehr gibt. Lebensraumverlust und Lebensraumisolation stellen eines der größten Probleme für die Artenvielfalt dar. Allerdings können in einer fragmentierten Landschaft Faktoren wie die Qualität der verbleibenden Lebensräume, allem voran die Größe der Habitate, aber auch die Vernetzung der verbliebenen Lebensräume, entscheidend für den Erhalt einiger Arten sein. Man versucht, Abhilfe zu schaffen, indem man Insekten, aber auch Vögeln und anderen Tieren kleine Inseln kreiert, in denen sie Nahrung und einen Lebensraum finden. Die bunten Blühstreifen am Rande von Feldern sind wahrscheinlich schon dem einen oder anderen aufgefallen. Diese können zwar eine vorübergehende Hilfe für solche Arten darstellen,

Blühstreifen sind jedoch kein Lebensraumersatz und stellen keine Dauerlösung dar.

VIEHZUCHT

Auch die intensive Viehzucht stellt ein Problem für das Klima dar. Nicht nur die Tierhaltung unter unethischen Bedingungen, sondern auch die Masse an Schlachttieren, die es auf der Erde gibt, stellt eine weitere Gefahr für das Klima dar. Eine Studie der FAO Welternährungsorganisation aus dem Jahr 2006 untersuchte die Treibhausgasemission, verursacht durch die Nutztierhaltung weltweit, und stellte erschreckende Zahlen fest: 18 % der weltweiten Treibhausgasemission wird allein durch die Nutztierhaltung verursacht. Durch Verdauungsprozesse produzieren vor allem Rinder eine enorme Menge des wirksamsten Treibhausgases Methan. An erster Stelle steht jedoch die Düngung der Felder in Verbindung mit der Futterbereitstellung für all diese Nutztiere. Kritisch zu sehen ist die Futtermittelproduktion auch dahin gehend, dass auf landwirtschaftlichen Flächen, die zur Futtermittelproduktion genutzt werden, keine Nahrungsmittel für Menschen hergestellt werden können. In vielen Ländern, so auch Deutschland, werden wertvolle Ökosysteme zerstört, ja sogar Regenwald wird gerodet, um zusätzliche landwirtschaftliche Fläche für die Futtermittelproduktion zu gewinnen. Dies geschieht, während es in anderen Teilen der Erde Menschen gibt, die Hunger leiden. Eine Tatsache, die es zu hinterfragen gilt.

Nicht zu vergessen sind auch die Benutzung der landwirtschaftlichen Fahrzeuge und die Produktion von Düngemitteln, die ebenfalls zu der Treibhausgasemission beitragen. Eine Reduktion des Fleischkonsums der Menschen würde eine deutliche Entlastung für das Klima in vielerlei Hinsicht darstellen.

ÜBERDÜNGUNG

Gülle ist ein Naturprodukt und schadet deshalb nicht, wenn man diese auf den Feldern als Dünger ausbringt. Das ist so nicht ganz richtig. Durch die zunehmende Massentierhaltung ist Gülle ein Abfallprodukt im Überfluss geworden. Die Bauern wissen nicht, wohin damit, und überdüngen damit ihre Felder. Das hat weitreichende Folgen, denn es kommt zum Nährstoffüberschuss. Gülle oder Dünger generell zeichnen sich dadurch aus, dass die Mittel einen hohen Stickstoffgehalt haben. Stickstoff ist einer der elementaren Bausteine sämtlicher Lebewesen auf der Erde. Allerdings fehlt Pflanzen und Tieren die Fähigkeit, den Stickstoff aus der Luft zu binden, wo er als N_2-Molekül mit 78 % den größten Anteil der Luft ausmacht. Diese Aufgabe der Stickstoffbindung aus der Luft übernehmen Mikroorganismen im Boden, die den Stickstoff in den für Pflanzen und Menschen verwertbaren Stoff Nitrat umwandeln.

Dementsprechend schließt sich hier der sogenannte Stickstoffkreislauf. Essen Menschen oder Tiere nämlich pflanzliche Kost, nehmen sie das Nitrat auf und scheiden dieses dann auch wieder aus. Durch das Eingreifen des Menschen in den Kreislauf wird dieser allerdings gestört. Es kommt zu einem Stickstoffüberschuss im Boden. Dies hat große Auswirkungen auf die Artenvielfalt, da so zunehmend Pflanzen begünstigt werden, die sich auf nährstoffreiche Böden spezialisiert haben. Arten, die auf nährstoffärmere Böden angewiesen sind, verschwinden langsam. Zudem hat zu viel Stickstoff auch Auswirkungen auf die Wachstumsweise der Pflanzen. Sie wachsen wesentlich schneller, aber dafür weniger stabil. Deshalb wird der Nährstoffüberschuss auch in Zusammenhang mit dem Waldsterben gebracht. Durch das beschleunigte Wachstum kommt es zur Kronenverlichtung, was die Bäume anfälliger für Trockenheit und Wind macht.

Wird der Stickstoff im Boden nicht komplett von Pflanzen aufgenommen, kommt es zunehmend zur Versauerung der Böden. Arten, die überwiegend auf basenreichen Standorten vorkommen, finden immer weniger Lebensraum. Zudem spielt der Stickstoff auch eine zunehmende Bedeutung bei der Wasserqualität, sowohl in Trinkwasser als auch bei umliegenden Gewässern. Ein zu hoher Stickstoffgehalt im Wasser ist Zeichen für eine schlechte Wasserqualität.

Zudem birgt das übermäßige Ausbringen von Gülle auch noch eine andere Gefahr: Durch die starke Antibiotikabehandlung in der Massentierhaltung entstehen in den Ställen immer wieder multiresistente Keime, die eben dann nicht in den Ställen verbleiben, sondern mit der Gülle auf den Feldern verteilt werden.

PESTIZIDEINSATZ

Mit der Intensivierung der Landwirtschaft und der Ausweitung der landwirtschaftlichen Flächen wird weltweit auch immer mehr Pflanzenschutzmittel eingesetzt. Dies stellt eine große Gefahr für die Artenvielfalt dar. Nicht, wie oft angenommen, spielt die Menge eine Rolle, sondern die Wirkintensität der verwendeten Stoffe. Deshalb ist zumeist die gesetzliche Regelung über die einzusetzende Menge eines bestimmten Stoffes eher sinnlos. Der Einsatz von Breitbandinsektiziden und Herbiziden hat sich seit der landwirtschaftlichen Entwicklung drastisch verändert. So schaden diese bei Einsatz nicht nur den Zielorganismen, sondern zusätzlich zahlreichen anderen Artengruppen, was dazu führt, dass die landwirtschaftliche Fauna und Flora langsam, aber sicher verarmen.

Über die Nahrungskette sind meist auch nicht nur Insekten betroffen, sondern auch Vögel oder Säugetiere. Zudem besteht auch immer die Gefahr, dass diese Stoffe im Boden versickern und in das Grundwasser gelangen.

Doch was können wir tun?
Der Verbraucher bestimmt das Angebot. Das gilt bei diesem Punkt mehr als bei allen anderen, die in diesem Buch beschrieben werden. Wir bestimmen durch unser Kaufverhalten die Entwicklung der Landwirtschaft. Das ist ein Punkt, an dem jeder Einzelne einen besonders großen Einfluss hat. Im Folgenden ein paar Tipps und Hinweise, um die Natur zu schonen:

- **Regionale Produkte kaufen:** Man kann dem Klima enorm helfen, wenn man auf regionale Produkte zurückgreift. Der Transport von Lebensmitteln von einem Ort zum anderen per Schiff, Flugzeug oder Lkw stellt einen erheblichen Anteil am Klimawandel und dem Ausstoß von Treibhausgasen dar.
- **Kaufen Sie saisongemäß:** Soll heißen, kauft man im Winter Himbeeren oder im Frühjahr Kürbisse, kann man sich sicher sein, dass diese mit großer Wahrscheinlichkeit nicht aus Deutschland kommen. Es gibt gewisse Anbauzeiten für Gemüse und Obst hier in Deutschland, halten Sie sich an diese Zeiten und Sie können sich sicher sein, dass es sich um Produkte handelt, die in Deutschland produziert wurden und sich keine langen Transportwege hinter dem gekauften Produkt verstecken.
- **Weniger Fleisch essen:** Die Fleischindustrie hat einen großen Anteil am Klimawandel und die schlimmen Haltungsbedingungen der Tiere, lassen einen an der Menschheit zweifeln. Denken Sie vielleicht mal darüber nach, Ihren Fleischkonsum etwas zu reduzieren, und wenn es Fleisch sein soll, achten Sie auf regionale Produkte mit guter Tierhaltung.

- **Gegen Lebensmittelverschwendung:** Versuchen Sie, keine Lebensmittel wegzuwerfen. Die Produktion dieser Lebensmittel hat das Klima bereits beeinträchtigt. Es werden jährlich so viele Tonnen Lebensmittel einfach entsorgt, das ist ein Fakt, der auch ethisch kaum vertretbar ist, wenn doch in anderen Regionen der Erde viele Menschen Hunger leiden. Es gibt mittlerweile auch viele Angebote, z. B. Brot vom Vortag zu kaufen oder Lebensmittel mit abgelaufenen Haltbarkeitsdatum, nehmen Sie öfter solche Angebote an, dem Klima zuliebe.

Klima & Energie

Die Menschen verbrauchen die Ressourcen der Erde schneller, als die Erde sie produzieren kann und das hauptsächlich, um Energie herzustellen – die Grundlage der modernen Gesellschaft. Heutzutage benötigen wir für die meisten alltäglichen Dinge Energie. Weltweit werden jährlich 13.000 Millionen Tonnen Erdöl zur Energiegewinnung genutzt. Im Vergleich: ein deutscher Bundesbürger verbraucht im Durchschnitt ca. 1,25 Tonnen Erdöl pro Jahr in Form von Energie. Seit der Industrialisierung ist dieser Wert stetig angestiegen. Der größte Teil dieser Energie wird durch die Verbrennung fossiler Brennstoffe wie Gas, Kohle oder Erdöl gewonnen. Das hat zwei wesentliche Nachteile: Bei der Verbrennung entstehen Treibhausgase, die dem Klima schaden, und die fossilen Brennstoffe sind endlich. Vor diesem Hintergrund ist besonders tragisch, dass nur ein Drittel der erzeugten Energie später als Endenergie genutzt werden kann. Ein Drittel geht bei der Umwandlung der Energie sowie Transport etc. verloren. Das andere Drittel sind Verluste, die vom Verbraucher verursacht werden.

Bei direkt erzeugtem Strom aus erneuerbaren Energien wie Wasserkraft, Windkraft oder Fotovoltaik fallen diese Verluste nicht an. Heute werden ca. 23 % der Energie aus erneuerbaren Energien erzeugt, Tendenz steigend. Die Welt ist bereits im Wandel und das ist auch schon in der Politik angekommen. So soll es in den nächsten Jahren zum Ausstieg aus der Braunkohleindustrie und Atomkraft kommen, dafür wird vermehrt auf Windkraft und Solar gesetzt.

UNBEGRENZTE ENERGIE

Erneuerbare Energiequellen stehen für den Menschen unbegrenzt zur Verfügung, die einzige Limitierung ist, wenn das Wetter nicht mitspielt, die Sonnen nicht scheint oder kein Wind weht. Physikalisch gesehen ist die Bezeichnung erneuerbare Energien zudem nicht ganz korrekt, denn Energie wird weder vernichtet noch geschaffen. Energie ist immer da und kann lediglich in andere Formen umgewandelt werden.

Bioenergie

Den größten Anteil der in Deutschland produzierten Energie aus erneuerbaren Energien stellt die Bioenergie dar. Hierbei wird aus festen, flüssigen oder gasförmigen Bestandteilen Wärme, Strom und Kraftstoff produziert. Diese Methode ist sehr vielfältig, da sie nicht von einem Ausgangsprodukt abhängt. Es können sowohl pflanzliche als auch tierische Abfallprodukte genutzt werden, aber auch andere nachwachsende Rohstoffe. In Deutschland hat die Gewinnung der Bioenergie ihre größte Bedeutung beim Heizen, aber auch in der Produktion von Kraftstoff.

Windkraft

Auch die Windkraft spielt eine tragende Rolle bei der Herstellung von sauberer Energie. Nach der Bioenergie stellt die Windenergie den zweitgrößten Anteil der Energieproduktion aus erneuerbaren Energien dar. Windenergie wird mithilfe von Windkraftanlagen nach dem Windmühlenprinzip in Strom umgewandelt. Dabei können diese Anlagen sowohl an Land als auch im Meer zu finden sein. Die Errichtung dieser sogenannten Offshore-Anlagen ist allerdings wesentlich anspruchsvoller als die Installation von herkömmlichen Windkraftanlagen an Land. Die Standorte dieser Anlagen befinden sich meist in 30–40 km Entfernung zu der Küste in einer Wassertiefe von bis zu 40 m. Man kann sich vorstellen, dass hier die Anbindung an das Stromnetz sowie die stabile Verankerung der Anlagen in solchen Wassertiefen eine enorme Herausforderung darstellt.

Fotovoltaik

Auch die Gewinnung von Strom durch Sonnenenergie spielt in Deutschland eine entscheidende Rolle. Diese Technologie ist die kostengünstigste aller Technologien, die Strom aus erneuerbaren Energiequellen herstellen. Dabei wird das Sonnenlicht in den Solarzellen direkt in elektrischen Strom umgewandelt. Es ist bei diesen Anlagen kaum Wartung nötig, weshalb sich diese Technologie auch sehr gut eignet, um in Ländern mit kaum ausgebautem Versorgungsnetz zum Einsatz zu kommen.

Wasserkraft

In Deutschland eher weniger genutzt, aber dafür in anderen Teilen der Welt sehr wertvoll ist die Wasserkraft. Sie verfügt über ein großes Potenzial bei der Stromerzeugung, ist allerdings abhängig von der Niederschlagsmenge und geografischen Begebenheiten. In einem Wasserwerk wird die Bewegungsenergie des Wassers genutzt, um Strom zu erzeugen. Dabei setzt das Wasser durch seine Fließgeschwindigkeit eine Turbine in Bewegung, die wiederum einen Generator zur Stromerzeugung antreibt.

Fazit der erneuerbaren Energien
Auch bei der Herstellung von Strom aus erneuerbaren Energien sind Eingriffe in die Ökosysteme nötig. Es werden zum Teil große Anlagen installiert, die Auswirkungen auf die Tiere und Pflanzen haben. So kommt es z. B. bei Windkraftanlagen häufiger zu Vogelschlag und auch Fledermäuse haben einige Probleme in der Nähe der Anlagen, da ihr Sonar von den rotierenden Rotorblättern beeinflusst, ja sogar zerstört wird. Auch bei Nutzung der Wasserkraft kommt es zu Veränderungen der Ökosysteme. Wasser wird aufgestaut an Stellen, wo vorher kein Wasser war, andere Stellen werden trocken gelegt, wo sich immer schon Wasser befand. Zudem kommt es in einigen Ländern hier zu ethischen Konflikten zwischen der Stromerzeugung und der Bereitstellung von Wasser für Menschen, die darauf angewiesen sind. Des Weiteren verändern sich durch die Stauung natürliche Gezeitenprozesse, die oft für die Fruchtbarkeit des Bodens eine große Bedeutung haben. Auch die Installation von Solaranlagen birgt Risiken, da diese vor allem Platz brauchen. Auch hier wird Landschaft verändert.
Doch was sind unsere Alternativen? Die Menschen benötigen nun einmal Energie zum Leben und das in nicht geringem Maße. Keiner ist bereit, auf den Lebensstandard, der sich über Jahrzehnte etabliert hat, zu verzichten, weshalb nach Lösungen für das Energieproblem gesucht werden muss. Im Vergleich zur Gewinnung von Energie aus Braunkohle oder Atomenergie sind die Auswirkungen der

Energiegewinnung aus erneuerbaren Energien wohl eher als gering einzustufen.

Doch was können wir tun?
Wir können uns bewusst machen, dass Strom ein wertvolles Gut ist und dass für dessen Produktion das Klima leidet. Werden wir uns dessen etwas bewusster, fällt das Stromsparen vielleicht gar nicht so schwer. Es gibt jede Menge einfache Tricks, die jeder in seinem Alltag befolgen kann.

- **Saubere Energie (Wind, Solar und Wasser) unterstützen:** Es gibt bereits Stromanbieter, die sich auf saubere Energie spezialisiert haben. Vielleicht würde ja ein Wechsel für Sie infrage kommen?
- **Solarpaneele:** Man kann aber auch aktiv etwas tun, indem man sich überlegt, eine Solaranlage auf dem Dach zu installieren. Soll es keine zu große Investition sein, kann man auch schon günstig einzelne Solarpaneele erwerben und diese z. B. im Garten oder auf dem Balkon aufstellen. Das schont den Geldbeutel und das Klima.
- **Geräte mit geringem Energieverbrauch:** Auf allen Haushaltsgeräten wie Spülmaschine, Trockner oder Kühlschrank gibt es Angaben, wie viel Strom diese verbrauchen. Vielleicht achten Sie beim nächsten Kauf weniger auf das Design als auf den Energieverbrauch.
- **LED-Lampen verwenden:** Eine ganz simple Sache ist das Austauschen der normalen Glühbirnen durch LED-Lampen. Diese brauchen nur 20 % des Stromes der herkömmlichen Glühbirne.
- **Energie im Allgemeinen sparen:** Generell ist es wichtig, keine Energie zu verschwenden. Einfaches Energiesparen durch Ausschalten des Lichts, wenn man nicht im Raum ist, oder Ausschalten von Fernseher oder Laptop, wenn man diese nicht benutzt, kann Wunder bewirken.

- **Eco-Funktion bei Haushaltsgeräten:** Viele Geräte wie z. B. Geschirrspüler oder Waschmaschine haben bereits integrierte Eco-Funktionen. Diese zu nutzen, dauert wahrscheinlich etwas länger, tut aber etwas für die Umwelt.

Artenrückgang – das sechste große Artensterben

In der Erdgeschichte gab es bereits fünf große Artensterben. Eines davon wurde z. B. ausgelöst durch den Meteoriteneinschlag vor Millionen von Jahren, der dazu geführt hat, dass die Dinosaurier und so viele andere Arten ausstarben. Die Menschen sind heute Zeugen und Verursacher des sechsten großen Massensterbens auf der Erde. Das Aussterben von Arten ist generell ein natürlicher Prozess der Auslese, der andauernd auf der Erde stattfindet. Allerdings geht die Artenvielfalt heute mit einer dramatischen und unnatürlichen Geschwindigkeit verloren.

In der Geschichte der Menschheit ist historisch gesehen die größte Ursache für das Aussterben von Arten die Bejagung. In der Vergangenheit wurden viele Tierarten wegen Fell oder Fleisch bis zur Ausrottung bejagt, da man es zu dieser Zeit aber auch nicht besser wusste und es um das Überleben ging. Das änderte sich allerdings mit voranschreitender Zeit. Die heutige Hauptursache des Artensterbens ist die Zerstörung und Fragmentierung der Lebensräume, aber auch die Fischerei. Weiteren Einfluss haben die Ausbreitung von invasiven Arten und der Klimawandel (z. B. Korallenriffe).

Warum wir bei diesem Artenverlust nicht einfach zuschauen sollten, hat viele Gründe. Mal abgesehen davon, dass wir ethisch verpflichtet sind, uns um den Erhalt unserer Ökosysteme zu kümmern, leisten auch viele Ökosysteme etwas für die Menschen. Ohne sie ist ein Leben, wie wir es kennen, auf der Erde nicht mehr möglich.
Pflanzen sind sowohl als Nahrungsgrundlage als auch Tierfutter für die Menschen und Tiere unerlässlich. Mit Betreiben der Fotosynthese stellen sie das Äquivalent zu Menschen und Tieren dar, da sie aus CO_2 Sauerstoff generieren, während Menschen und Tiere Sauerstoff zum Leben benötigen und CO_2 als Abfallprodukt abatmen. Eine wichtige Funktion spielen demnach Pflanzen auch bei dem Stoffkreislauf. Zudem könnten wir uns auch nicht mehr der Wirkung von Heilpflanzen bedienen, sollten diese dem Artenverlust zum Opfer fallen. **Wälder** spielen insofern eine sehr wichtige Rolle, da sie das Klima regulieren, sie fungieren als CO_2-Senke und binden das CO_2, welches wir produzieren. Unerlässlich sind Wälder ebenfalls bei der Wasserfilterung und als Erosionsschutz. Der Baustoff Holz ist für die Menschen ebenfalls von großer Bedeutung. **Nutztiere** sind insofern wichtig, als sie helfen, die Menschheit zu ernähren. Sie liefern Fleisch, Milch, Eier, Wolle und andere Rohstoffe. Zudem spielen in vielen Ländern Nutztiere auch noch eine Rolle, da ihre Arbeitskraft genutzt wird. **Insekten** sind die Bestäuber Nummer eins auf der Erde. Sie bestäuben dreiviertel aller Blütenpflanzen. Ohne sie würden Obstbäume und viele andere Pflanzenarten der Vergangenheit angehören. Zudem spielen sie eine sehr große Rolle in der Nahrungskette, sie stellen Grundnahrungsmittel für zahlreiche andere Tierarten dar. Des Weiteren haben sie eine Funktion in der

Zersetzung von Abfällen und Abfallprodukten. **Mikroorganismen** wie Bakterien und Einzeller sind ganz besonders wichtig für Zersetzungsprozesse. Sie führen so Mineralien wieder den Stoffkreisläufen und damit der Natur zu. Ohne sie wäre ein Leben auf der Erde in der heutigen Form nicht möglich.

Alle diese Artengruppen brauchen wir, braucht die Erde. Wenn tatsächlich, wie vorhergesagt, in naher Zukunft 30–50 % der Arten aussterben, müssen wir uns fragen, ob biologische Prozesse und Ökosysteme noch so leistungsfähig sind wie heute oder ob sie vielleicht gar komplett verschwinden. Wie bereits beschrieben, ist der Planet Erde ein großes Ökosystem, kommen Teilbereiche dieses Systems zum Erliegen, funktioniert die Erde dann wirklich noch als großes Ganzes? Wenn so viele Arten verschwinden, hat das Folgen für jeden Bereich unseres Lebens, die unvorhersehbar sind.

DIE ROLLE VON INVASIVEN ARTEN

Als invasive Arten bezeichnet man Arten, die in einer bestimmten Region nicht natürlich vorkommen, sich dort aber dennoch ausgebreitet haben. Diese sind zumeist durch den Menschen, sowohl absichtlich als auch unabsichtlich, in diese Regionen verbracht worden. Gründe für die Einführung neuer Arten in Bereiche der Erde, wo sie natürlich nicht vorkommen, sind z. B. Vergnügen, aber auch die Bereitstellung von Nahrung. So werden Nutzpflanzen in Regionen angebaut, die keinen natürlichen Lebensraum dieser Art darstellen. Zudem hat der Mensch Jagdwild in einige Teilen der Erde verbracht, um eine neue Nahrungsquelle einzuführen, oft mit ungeahnten Folgen. Unabsichtlich passiert das Einführen von Arten hauptsächlich auf den Verkehrswegen, sei es durch den Handel oder aber auch durch Urlaubsreisende.

Das Einführen von nichtheimischen Arten hat oft unvorhergesehene Auswirkungen auf die Ökosysteme. Da es sich bei den Arten oft um Generalisten handelt, die unter zahlreichen Lebensbedingungen gut zurechtkommen, kommt es zur Etablierung dieser Art in den neuen Regionen. Sehr oft konkurrieren diese dann mit den heimischen Arten um Lebensraum und Ressourcen, wie Nahrung oder Quartiere. Meist haben die heimischen Arten das Nachsehen und werden langsam aus ihrem Lebensraum verdrängt. Allerdings sind nicht nur größere Tiere betroffen, sondern auch Mikroorganismen und Pilze, wie auch das nächste Beispiel zeigt.

Aktuell sind die Amphibienarten der Erde durch eine neue Gefahr bedroht. Zurzeit breitet sich ein Pilz aus, der natürlich in Afrika auf sogenannten Krallenfröschen vorkommt, jedoch für andere Amphibienarten tödlich ist. Vor allem in den 60er-Jahren wurden diese Frösche absichtlich auf der ganzen Erde verteilt, sodass seitdem bereits viele Amphibienarten dem Pilz zum Opfer gefallen sind. Auch heute noch ist man mit der Bekämpfung des Pilzes beschäftigt.

Ein weiteres interessantes Beispiel findet sich in Neuseeland. Die Insel spaltete sich in der Erdgeschichte früh von anderen Landmassen ab, sodass eine ganz besondere Fauna die Gelegenheit hatte, sich zu entwickeln. Da es auf der Insel keine größeren Prädatoren gab, hat sich die Tiergruppe der flugunfähigen Vögel entwickelt. Kiwi, Kakapo und Co. konnten sich ungestört entwickeln, bis mit den Siedlern auch Prädatoren wie Ratte oder das in Nordamerika heimische Opossum nach Neuseeland gebracht wurde. Wie man sich vorstellen kann, sind die Vögel, die nicht fliegen können, eine leichte Beute und sind heute vom Aussterben bedroht.

INSEKTENSTERBEN – WENN DIE KLEINSTEN VERSCHWINDEN

Eine Langzeitstudie von Hallmann et al. (2017) sorgte vor ein paar Jahren für großes Aufsehen. Untersucht wurden 60 Orte über 27 Jahre hinweg auf die dort vorkommenden Insekten (Biomasse). Die Ergebnisse waren erschreckend. Binnen der 27 Jahre ging die Biomasse der Insekten um 75 % zurück. Doch woran liegt das und können wir diesen Trend überhaupt noch aufhalten?

Es gibt verschiedene Ursachen für das Insektensterben, doch alle haben eins gemeinsam: Sie sind durch den Menschen gemacht. Einer der entscheidendsten Gründe ist der Wandel der Landschaft. Aus einer klein parzellierten und artenreichen Kulturlandschaft mit Brachflächen, Streuobstwiesen und zahlreichen Heckenstrukturen wurde eine eintönige und strukturarme Agrarwüste, die Wildtieren und Wildpflanzen keinen Lebensraum bietet. Durch die Intensivierung der Landwirtschaft kommen Probleme wie der Pestizideinsatz und die Überdüngung hinzu. Mit immer wiederkehrenden Fruchtabfolgen und Monokulturen züchten sich die Landwirte resistente Schädlinge und müssen so zu immer wirksameren Pestiziden greifen. Zudem ist auch die Kombination verschiedener Pestizide auf die Insektenfauna kaum untersucht.

Auch vor Wäldern wird mit dem Pestizideinsatz nicht Halt gemacht, da die Forstwirtschaft die zweitwichtigste Flächennutzung ist. Zur Bekämpfung des Schwammspinners und Co. wird auch hier reichlich gespritzt, um die ohnehin schon anfälligen Monokulturen zu schützen und die Verbreitung der Schädlinge einzudämmen. Für die zahlreichen nachtaktiven Insekten gibt es ein zusätzliches Problem, die Lichtverschmutzung. Angezogen durch das künstliche Licht sterben viele an Erschöpfung und sind orientierungslos. Drei Prozent unserer Landesfläche nehmen private Gärten ein. Diese wären so wichtige Oasen der biologischen Vielfalt in der heute stark verarmten Kulturlandschaft, doch durch den dortigen Pestizideinsatz und die sterile Gestaltung der Gärten stellen auch diese nur für wenige Insektenarten einen Lebensraum dar.

Honigbiene ist nicht gleich Wildbiene

Der größte Unterschied für den Menschen ist, dass Wildbienen keinen Honig herstellen, doch sind sie mindestens genauso wichtig wie die Honigbiene. Wildbienen leben im Vergleich zur Honigbiene auch nicht in Völkern, sondern sie sind solitär lebend, d. h. sie sind Einzelgänger. Sie kümmern sich deshalb auch allein um die Aufzucht des Nachwuchses. Dazu graben sie beispielsweise Gänge in den Boden oder in Holz, Nisten in Blumenstängeln oder verwenden Schneckenhäuser zur Eiablage. Die Vielfalt unter den Wildbienen ist groß, doch benötigen sie Nistmöglichkeiten und entsprechendes Material, um sich erfolgreich reproduzieren zu können. In Deutschland gibt es ca. 550 Wildbienenarten, wovon viele durch den Lebensraumverlust und die Landwirtschaft vom Aussterben bedroht sind. Über die Hälfte steht auf der Roten Liste. Im Gegensatz dazu sind aber 80 % der Wildpflanzen und auch über 150 Nutzpflanzen von der Bestäubung der Wildbienen abhängig. Dabei ist sehr interessant, dass, je öfter eine Blüte von unterschiedlichen Wildbienen besucht wird, die Frucht umso größer wird. Damit hängt ein Drittel des Ertrages der Ernte unmittelbar mit der Anzahl der Bestäubungen und damit auch der Anzahl der Wildbienen generell ab.

Wollen Sie etwas speziell für die Wildbienen tun, kommen im Folgenden ein paar Tipps, was Wildbienen besonders mögen:

- **Küchenkräuter auf Balkon oder im Garten:** Wildbienen lieben Küchenkräuter wie Borretsch, Thymian, Salbei, Majoran oder

Rosmarin. Lassen Sie die Kräuter blühen und stellen Sie diese den Wildbienen zur Verfügung.

- **Frühlingsblumen:** Wildbienen sind auch angewiesen auf früh blühende Blumen. Sie mögen besonders Krokusse, Schneeglöckchen oder Hyazinthen.
- **Bäume und Sträucher:** Wildbienen lieben Obstbäume. Mit zahlreichen Blüten können diese viele Wildbienen mit Nahrung versorgen. Also pflanzen Sie Obstbäume und Beerensträucher wie z. B. Apfelbäume, Birnen, Kirschen, Johannis- oder Stachelbeersträucher für die Bienen.
- **Wildblumenwiese:** Auch mit einer schönen Wildblumenwiese können Sie helfen, ob in Blumenkübeln oder kleinen Parzellen im Garten, die Wildbienen werden es Ihnen danken. Kleiner Tipp: Wildblumen wachsen besonders gut auf kargem Böden. Gekaufte Blumenerde ist oft zu nährstoffreich, aber durch das Hinzufügen von Sand oder Kies können Sie diese ganz leicht abmagern.
- **Verblühte Stauden stehen lassen:** Schneiden Sie die verblühten Stängel und Sträucher im Herbst nicht ab, sie dienen den Wildbienen als Unterschlupf für den Winter.

Hilfe für Schmetterlinge

Auch die Schmetterlinge haben es heute nicht leicht. Genau wie die Wildbienen werden auch die Schmetterlinge durch Lebensraumverlust und den Einsatz von Pestiziden zurückgedrängt. In Deutschland gibt es ca. 3.500 Schmetterlings- bzw. Falterarten. Davon gehören 190 zu den farbenfrohen und prachtvollen Tagfaltern, die wir sofort mit dem Begriff Schmetterling verbinden. Der größte Teil zählt allerdings zu den eher unscheinbaren Nachtfaltern. Unter den Faltern gibt es Generalisten und die häufig gefährdeteren Spezialisten. Sie sind beispielsweise an eine spezielle Futterpflanze oder ganz spezielle Umweltbedingungen gebunden. So z. B. der Helle Wiesenknopf-Ameisenbläuling, der, wie sein Name schon sagt, seine Raupen in dem gleichnamigen Wiesenknopf ablegt.

Die Larven sind darauf angewiesen, dass die Pflanze nicht abgemäht wird und der Wiesenknopf stehen bleibt, bis sie ihre Entwicklung abgeschlossen haben. Das gestaltet sich häufig etwas schwierig, da der Wiesenknopf gern auf Weideflächen oder Heuwiesen vorkommt. Auch der Nachtkerzenschwärmer hat sich auf eine spezielle Futterpflanze spezialisiert, die Nachtkerze. So sind diese Arten besonders gefährdet, da sie intensiv auf spezielle Pflanzenarten angewiesen sind. Eins haben jedoch alle Falter gemeinsam: die Entwicklung vom Ei, zur Raupe, zur Puppe und schließlich zum Falter. Viele Pflanzen sind auf Schmetterlinge als Bestäuber angewiesen. Mit dem langen Rüssel können sie bis in tiefe Pflanzenkelche gelangen, um dort den Nektar zu trinken.

Wollen Sie die Schmetterlinge unterstützen, dann finden Sie im Folgenden ein paar Tipps, was Schmetterlinge mögen. Es unterscheidet sich nur wenig von dem, was Sie auch für Wildbienen tun können:

- **Kräutergarten:** Auch Schmetterlinge lieben Kräuter, die blühen. Zu den Lieblingskräutern von Schmetterlingen gehören Thymian, Lavendel, Minze und Zitronenmelisse.
- **Wildblumenwiese auf mageren Böden:** Mit dem Säen einer Wildblumenwiese tun Sie gleichzeitig sowohl etwas für die Wildbienen als auch für die Schmetterlinge.
- **Pflanzen für die Raupen:** Auch im Stadium der Raupen müssen Falter fressen. Raupen bevorzugen besonders Sträucher wie Brombeeren oder Himbeeren, aber auch Fenchel, Veilchen, Weißdorn und Wicken stehen auf ihrem Speiseplan.

- **Blumenrasen:** Lassen Sie auch die niedrig wachsenden Blumen, die natürlich in Ihrem Rasen vorkommen, gedeihen. Tipp: Wenn Sie nicht den gesamten Rasen stehen lassen wollen, lassen Sie kleine Raseninseln stehen, dort fühlen sich nicht nur Schmetterlinge wohl.
- **Überwinterungsquartiere:** Auch Falter brauchen die Möglichkeit, irgendwo zu überwintern. Dafür eignen sich Stein- und Reisighaufen, dichter Efeu oder wilder Wein.
- **Blumenerde ohne Torf:** Bei dem Abbau von Torf werden Moore zerstört, ein wichtiger Lebensraum für Schmetterlinge und andere Arten. Verzichten Sie deshalb auf Blumenerde, die Torf enthält.

DER RÜCKGANG DER VÖGEL

Die Zahl der in Deutschland vorkommenden Vogelarten sowie deren Anzahl ist drastisch gesunken. Ganz besonders betrifft das die Vögel der Agrarlandschaft. Fast drei Viertel der in Deutschland heimischen Vogelarten stehen mittlerweile auf der Roten Liste. Ein besonders erschreckender Rückgang des Bestandes ist bei Kiebitz, Rebhuhn, Uferschnepfe und Braunkehlchen zu verzeichnen (85–60 % gesunken). Es gibt einige Gründe für das Vogelsterben, der entscheidendste Punkt ist jedoch das Fehlen oder der Verlust geeigneter Lebensräume. Durch das zeitgleiche Insektensterben fehlt zudem das Nahrungsangebot. Somit stehen das Insektensterben und der Rückgang der Vögel in direktem Zusammenhang. Ein weiterer Grund ist der übermäßige Einsatz von Pestiziden und Düngemittel in der Landwirtschaft. Diese Zahlen zeigen einmal mehr den schlechten Einfluss von Monokulturen und chemischen Mitteln auf die Artenvielfalt.

DAS AKTUELLE
PROBLEM FELDHAMSTER

Auch der in Deutschland heimische Feldhamster verschwindet langsam, aber sicher von der Bildfläche. In der Roten Liste wird er bereits als vom Aussterben bedroht eingestuft. Das nachtaktive Tierchen gehört zu der heimischen Säugetierfauna und kommt in Mittel- bis Osteuropa und Teilen von Asien vor. Vor einigen Jahren noch war der Feldhamster über ganz Deutschland verbreitet und galt eher als Plage, da er in den lokalen Getreidefeldern lebt und sich an dem Buffet reichlich bediente. Heute kommt der Feldhamster nur noch in wenigen Gebieten mit ebenfalls geringen Populationen vor. Der Feldhamster hat hohe Ansprüche an seinen Lebensraum. So muss der Boden mit ausreichend Lehm- und Lössanteil versetzt sein. Das steigert zum einen den Ertrag der dort wachsenden Nutzpflanzen und zum anderen lassen sich in dieser Bodenzusammensetzung die Baue leichter graben. Der Feldhamster verbringt den Tag zumeist in seinem Bau und zeigt sich nur nachts zur Nahrungssuche.

Es gibt verschiedene Gründe, warum der Feldhamster so stark bedroht ist. Ein wichtiger Punkt ist der Strukturwandel der Landschaft. Zunächst profitierte der Feldhamster von der sich ausweitenden Landwirtschaft, doch die heutigen Monokulturen und schnellen, hocheffizienten Erntemaschinen sind auch für den Feldhamster zu viel und mitverantwortlich für den starken Rückgang der Zahlen. Zudem setzten ein einseitiger Anbau, die fehlende Abwechslung in der Fruchtfolge und der Einsatz von Pestiziden und Düngemittel dem Feldhamster weiter zu. Ein weiteres Problem für den Feldhamster ist die zunehmende Versiegelung der Flächen beim Straßenbau oder bei der Errichtung neuer Industriegebiete. So geht potenzieller Lebensraum für den Feldhamster gänzlich verloren. Durch die Fragmentierung der Landschaft ebenfalls durch Straßen oder

Autobahnen ist ein Zu- und Abwandern von Individuen aus den einzelnen Populationen kaum noch möglich. Es fehlt der genetische Austausch, der Genpool verarmt und hat damit wieder negative Auswirkungen auf die Reproduktionsraten der Feldhamster. Eine weitere tödliche Falle ist der Verkehr. Der Feldhamster gehört zu den häufigen Opfern. Dies liegt begründet in seinem Abwehrverhalten Fressfeinden gegenüber.

Nähert sich ein vermeintlicher Feind (hier das Auto) schnell, so stellt sich der kleine Hamster auf seine Hinterbeine, macht sich groß und fängt an zu fauchen und den Feind anzuspringen, frei nach dem Motto „Angriff ist die beste Verteidigung". Nur leider hilft das bei einem heranfahrenden Auto eher weniger. Prädation spielt ebenfalls heute eine Rolle. Der Feldhamster hat eine Reihe natürlicher Feinde, so z. B. Raubvögel, den Fuchs oder den Dachs. Bei einer gesunden Populationsdichte steht die Beziehung von Räubern und Beute im Einklang und unterliegt zyklischen Schwankungen. Bei einer angegriffenen Population, deren Reproduktionszahlen nicht stimmen, ist der Verlust jeden Tieres tragisch und bringt die Population dem Aussterben etwas näher.

Es gibt mittlerweile zahlreiche Projekte, die sich zur Aufgabe gemacht haben, den Rückgang der Zahlen des Feldhamsters aufzuhalten und dem Feldhamster eine Koexistenz mit der heutigen Landwirtschaft zu ermöglichen. Ein Projekt mit dem Namen ‚Feldhamsterland' arbeitet beispielsweise sehr eng mit lokalen Landwirten zusammen, die sich freiwillig melden, um bei dem Schutz des Feldhamsters zu helfen. So stehen die Mitarbeiter beispielsweise mit beratenden Tätigkeiten zur Verfügung und schlagen Maßnahmen vor, wie dem Feldhamster in einer bestimmten Region am besten geholfen werden kann. Das ist aber nicht alles: Zudem gibt es zahlreiche Projekte, in denen Feldhamster gezüchtet und wieder ausgewildert werden, wobei genau die Entwicklung der ausgewilderten

Populationen dokumentiert wird, um weitere Details über die Art lernen zu können.

Doch was können wir für die Artenvielfalt tun?
Viele der gefährdeten Tiere sind auch in unseren Gärten zu finden. Eine naturnahe Gestaltung des Gartens kann die Artenvielfalt enorm erhöhen.

- **Blühmischungen für Bienen, Hummeln und andere:** Sie haben ein kleines Eckchen in Ihrem Garten frei und wissen nicht, was Sie damit tun sollen? Denken Sie doch mal darüber nach, eine Miniblühwiese für Insekten einzusäen. Im nächsten Sommer werden Sie sehen, dass zahlreiche Insekten das Angebot gern annehmen.
- **Totholz im Garten:** Lassen Sie vielleicht den abgeschnittenen Baum einfach mal liegen oder holen Sie sich eine schöne Wurzel und dekorieren damit Ihren Garten. Das sieht nicht nur schön aus, sondern bietet auch zahlreichen Insekten einen Lebensraum.
- **Insektenhotel:** Es gibt sogenannte Insektenhotels zu kaufen, aber auch tolle Anleitungen zum Selberbauen. Diese bieten zahlreichen Insekten eine tolle Möglichkeit zum Überwintern.
- **Rasenmähroboter:** Diese Roboter sind besonders gefährlich für Igel. Immer wieder werden Igel durch diese verletzt. Zudem bietet ein kurz geschnittener Rasen keinen Lebensraum. Also vielleicht ein bisschen weniger mähen, dann können Sie sich sicher sein, dass Sie mehr Tiere jeglicher Art im Garten haben werden.
- **Naturnahe Gestaltung:** Generell gilt, je naturnaher Sie Ihren Garten gestalten, desto mehr Tiere finden dort einen Lebensraum. Ist Ihr Garten aufgeräumt und steril, werden sich dort nur wenige Tiere wohlfühlen.

Verschmutzung – was tun mit unserem Müll?

In Europa produziert jede Person jährlich ca. 500 kg Abfall. Jedoch werden davon nur 40 % recycelt, obgleich es sich weitestgehend um wiederverwertbare Materialien wie Plastik, Papier oder Glas handelt. Weitere 40 % werden deponiert und der Rest des anfallenden Abfalls wird verbrannt. Dies ist ganz besonders schädlich für die Umwelt, da bei der Müllverbrennung Treibhausgase wie CO_2 entstehen, die den Klimawandel weiter anheizen. Zudem führt der geringe Prozentsatz an Wiederverwertung dazu, dass die ohnehin schon knappen Ressourcen der Erde ausgebeutet werden. Ein weiteres Problem ist, dass zu viele Müllpartikel in die Umwelt gelangen und Deponien, Müllverbrennungsanlagen oder Recyclingstationen umgangen werden. Dieser Müll in der Umwelt stellt ein großes Problem vor allem für die Tierwelt, aber auch für ganze Ökosysteme dar. Klar ist, dass generell weniger Müll produziert werden muss, und der Prozentsatz des Recyclings muss gesteigert werden.

PLASTIKMÜLL

Es gibt Schätzungen, dass in den Ozeanen 150 Millionen Tonnen Plastikmüll schwimmen, und neun Millionen Tonnen kommen jährlich hinzu. Ob diese Zahl realistisch ist oder nicht, weiß keiner, denn die Ausmaße der Müllverschmutzung sind immens und nur schwer einzuschätzen. Durch die Meeresströmungen sammelt sich der Plastikmüll in sogenannten Müllstrudeln. Derzeit gibt es fünf riesige Plastikinseln im Meer. Der bekannteste Müllstrudel ist der „Great Pacific Garbage Patch" (GPGP), der sich im nordpazifischen Strömungskreis zwischen Hawaii und Kalifornien befindet. Dieser Müllstrudel ist mit 1,6 Millionen m^2 dreimal so groß wie Frankreich und hat ein geschätztes Gewicht von 100 Millionen Tonnen. Man darf nicht vergessen, dieser Müllstrudel besteht ausschließlich aus Müll.

Die meisten Arten von Kunststoffen werden aus Rohöl oder Gas hergestellt und sind enorm langlebig. Plastikteile verbleiben mehrere hundert Jahre in der Natur, bevor sie sich langsam anfangen zu zersetzen. Die Produktion von Einwegplastik scheint vor diesem Hintergrund als unethisch und unverhältnismäßig, da diese Artikel schon nach einmaligem Gebrauch ihr Soll erfüllt haben und als Müll in der Natur, auf Deponien und in der Müllverbrennungsanlage landen.

Von dem Plastikproblem sind schätzungsweise mehr als 800 Meerestierarten betroffen. Sie verwechseln Plastikpartikel beispielsweise mit Nahrung und fressen diese. Der Magen ist voll, aber die Tiere können das Plastik nicht verdauen und verhungern schließlich mit vollem Magen. Eine tödliche Falle sind auch faserige Plastikpartikel wie Fischernetze und vieles mehr. Tiere verfangen sich in diesen und verenden, da sie sich aus eigener Kraft nicht mehr befreien können. Zudem gibt es Probleme mit dem Plastikmüll, die man nicht sofort sehen kann. Je nach Kunststoffart sind Weichmacher hinzugefügt, die sich nach und nach aus dem Plastik lösen. Auch haben Plastikpartikel die Eigenschaft, Umweltgifte aufzunehmen. Diese sammeln sich dann an der Oberfläche und vergiften so viele Meerestiere, die diese Partikel freiwillig oder unfreiwillig aufnehmen.

Nur 6 % des Plastikmülls schwimmen an der Wasseroberfläche, was eine Schätzung über die Ausmaße der Müllverschmutzung der Ozeane auch so schwierig macht. Der Rest des Mülls sinkt auf den Meeresboden mit unvorhersehbaren Langzeitfolgen. Im Wasser treibend wird das Plastik spröde, sodass sich dieses in immer kleinere Teilchen zersetzt. Keineswegs ein positiver Abbauprozess.

PROBLEM MIKROPLASTIK

Als Mikroplastik bezeichnet man feste synthetische Kunststoffpartikel, die kleiner als 5 mm sind. Das sogenannte Mikroplastik kann zum einen durch die Zersetzung größerer Plastikteile entstehen (sekundäres Mikroplastik). Zum anderen wird Mikroplastik auch für industrielle Zwecke direkt in dieser Größe hergestellt (primäres Mikroplastik). Definitionen und Bezeichnungen für Plastik unterschiedlicher Größe finden Sie im Folgenden:

- Megaplastik: Plastikteile mit einer Größe von über 100 mm
- Makroplastik: Plastikteile mit einer Größe von über 25 mm
- Mesoplastik: Plastikteile mit einer Größe von zwischen 5 und 25 mm
- Mikroplastik: Plastikteile mit einer Größe zwischen 0.0001 und 5 mm
- Primäres Mikroplastik: Pellets, textile Fasern, Reifenabrieb, Microbeads in Kosmetika

- Sekundäres Mikroplastik entsteht durch die Zersetzung größerer Plastikteile
- Nanoplastik: Plastikteile mit einer Größe von unter 0.0001 mm
- Primäres Nanoplastik: Partikel in Elektronik, biomedizinischen Produkten oder Farben/Lacken
- Sekundäres Nanoplastik entsteht durch die Zersetzung größerer Plastikteile

Nicht nur das Mikroplastik befindet sich zu Millionen Tonnen in den Meeren, Flüssen und Seen. Man findet mittlerweile Mikroplastik überall, auch dort, wo man es wirklich nicht erwarten würde. Es hat bereits die entlegensten Regionen unsere Erde erreicht, so z. B. Arktis, Antarktis oder Alpenseen. Mikroplastik wird mit der Gülle auf Feldern verteilt, es befindet sich in Obst und Gemüse, im Wasser, ja sogar im Bier. Nicht zuletzt wurde das Mikroplastik sogar im menschlichen Körper nachgewiesen. Studien zu Auswirkungen des Plastiks in unserem Körper gibt es bislang nur wenige. Vorstellen kann man sich jedoch, dass es genau wie in den Ozeanen auch negative Effekte auf unseren Körper hat.

THE OCEAN CLEANUP

The Ocean Cleanup ist ein tolles Projekt, ins Leben gerufen von einem jungen und engagierten Niederländer namens Boyan Slat. Er hatte sich zum Ziel gesetzt, die Verschmutzung der Ozeane mit Plastikmüll zu bekämpfen und hat daher ein Sammelsystem entwickelt, welches autonom Plastik aus den Ozeanen sammelt. Verschiedene kleinere Prototypen sind bereits erfolgreich getestet und im Einsatz. Als Nächstes steht der Ausbau eines Systems in voller Größe an.

Das System besteht aus einem 600 m langen Schwimmkörper aus Polyethylen-Rohren, an denen eine Art Schürze angebracht ist, um Plastikteile aus bis zu 3 m Wassertiefe einzusammeln. Der Schwimmkörper hat eine U-Form und kann so wie in einer Bucht Plastikteile sammeln und festhalten. Neben der Reinigung der Ozeane beschäftigt sich The Ocean Cleanup aber auch mit dem Abtransport und dem Recycling des gesammelten Plastikmülls. So wird der Plastikmüll aus den Ozeanen zu 100 % wiederverwertet.

Doch was können wir tun?
- **Plastikmüll vermeiden:** Versuchen Sie, schon beim Einkaufen darauf zu achten, auf Produkte ohne Plastikverpackung zurückzugreifen. Auch die Verwendung von Plastiktüten sollte vermieden werden. Vielleicht denken Sie ja dran, bei dem nächsten Besuch der Wurst- oder Käsetheke eigene Behälter mitzubringen, um die Plastikverpackung des Geschäfts zu vermeiden. Es gibt sogar in einigen größeren Städten bereits Läden, die komplett auf Plastikverpackungen verzichten, hier kommen auch die heimischen Brotdosen und Behälter zum Einsatz. Nutzen Sie dieses Angebot.
- **Geschenkpapier vermeiden:** Es handelt sich hierbei um beschichtetes Papier, welches nicht wie normales Papier recycelt werden kann. Vielleicht benutzen Sie beim nächsten Geschenk einfach eine Geschenktüte oder dekorieren normales Papier selbst.
- **Kosmetika mit Mikroplastik:** Etwas, wo man Mikroplastik nun wirklich nicht erwartet, sind Kosmetika. Aber grade in Peelings wird Mikroplastik für den rauen Effekt genutzt. Achten Sie beim Kauf von Kosmetik und Hygieneartikeln auf mikroplastikfreie Produkte.
- **Müll in der Umwelt:** Müll, der bereits in die Umwelt gelangt ist, stellt ein großes Problem dar. Vielleicht haben Sie zufällig eine Tüte

dabei und können den Müll einsammeln und zu Hause in der Tonne entsorgen. Die Natur wird es Ihnen danken.

- **Mülltrennung:** Achten Sie auf die richtige Mülltrennung, ist der Müll in den Abfallstationen nicht sortierbar, kommt er auf die Deponie oder zur Müllverbrennung und kann nicht recycelt werden.
- **The Ocean Cleanup:** Vielleicht suchen Sie nach einem Projekt, das Sie in Zukunft unterstützen können. The Ocean Cleanup ist ein gutes Beispiel junger engagierter Menschen, denen die Zukunft der Erde nicht egal ist.

Zukunftsstrategien und Projekte

DAS KLIMA

Eine der größten Bedrohungen der Menschheit und des Lebens, wie wir es kennen, ist der Klimawandel. Es muss etwas getan werden und das schnell. Das sehen auch Politiker, weshalb 2015 der Pariser Vertrag ins Leben gerufen wurde. Auf der 21. Klimakonferenz in Paris unterschrieben 55 Länder ein Abkommen, welches einheitliche Klimaziele vereinbarte. Heute sind alle Länder der Welt, mit Ausnahme der USA, Mitglied. Hauptziel des Abkommens ist es, die durch den Menschen verursachte Erderwärmung auf deutlich unter 2 °C zu beschränken. Die Staaten verpflichten sich zudem, freiwillige Maßnahmen und Beiträge zur Beschränkung der Erderwärmung festzulegen und diese zu verfolgen. Durch die anderen Länder werden diese geprüft und eventuelle Anpassungen festgelegt. Zu welchen Ergebnissen dieser Vertrag in den nächsten Jahren kommt, wird sich zeigen. Ob Selbstverpflichtung und freiwillige Beträge zum Klimawandel in Anbetracht der Lage das richtige Mittel zur Rettung unserer Erde sind, ist die Frage.

Wie kommt es zu der magischen 2-°C-Grenze? Man muss sich nur anschauen, was passieren würde, wenn die Erde sich um die besagten 2 °C erwärmt: Vorhersagen und Schätzungen zufolge würde der Meeresspiegel ansteigen, was das Ende für viele, vor allem kleinere Inselstaaten bedeuten würde. Zudem wären geschätzt zehn Millionen Menschen in den Küstenregionen vermehrt von Fluten betroffen. Hingegen in der Mittelmeerregion und im südlichen Afrika würde es zu einer Reduktion des vorhandenen Wassers um 20–30 % kommen.

Doch ist das Ziel, unter 2 °C zu bleiben, realistisch? Heute ist es bereits 1,1 °C wärmer auf der Erde. Aufgrund der Trägheit des Klimas würde auch bei sofortigem Stopp der Treibhausgasemission die Temperatur zunächst weiter ansteigen. Der IPCC fertigte einen Sonderbericht an, um zu diskutieren, was nötig ist, um die vereinbarten Ziele zu halten. So muss die Emission der Treibhausgase bis 2030 um 45 % reduziert werden, bis 2050 muss die Emission der Treibhausgase bei netto null liegen, d. h. es dürfen nicht mehr Treibhausgase ausgestoßen werden, als von den Ökosystemen wieder neutralisiert werden können.

Die Folgen des Klimawandels treffen zumeist die, die am wenigsten Anteil daran haben. Die Länder der Erde haben unterschiedliche Treibhausgas-Emissionswerte und arbeiten unterschiedlich hart an der Reduzierung dieser. Leider ist der Klimawandel aber global und trifft auch die, die kaum einen Anteil an der Treibhausgas-Emission haben. Bangladesch z. B. hat einen CO_2-Wert von einer Vierteltonne pro Kopf und Jahr. Leider bekommen die Bewohner des Landes den Klimawandel in Form des ansteigenden Meeresspiegels besonders hart zu spüren, aufgrund der tiefen Lage des Landes kommt es häufig zu Überflutungen. Die Verursacher des heutigen Klimawandels sind vor allem in den alten Industrieländern zu finden. Der heute größte CO_2-Produzent ist China. Nur, wenn alle zusammenarbeiten und an einem Strang ziehen, kommen wir dem Ziel, unter 2 °C zu bleiben, ein Stück näher.

LANDWIRTSCHAFT

Auf der Landwirtschaft lastet ein besonders großer Druck. Bis 2050 müssen die Landwirte voraussichtlich zehn Milliarden Menschen auf der Erde ernähren und zusätzlich Rohstoffe für saubere Bioenergie bereitstellen und das am besten, ohne dabei auf Pestizide und Düngemittel zurückzugreifen. Doch das ist eine Sackgasse. Die Entwicklung von Dünger und Pflanzenschutzmitteln hat in der Vergangenheit enorm zur Produktivitätssteigerung der Landwirtschaft beigetragen. Doch da mittlerweile die umweltschädliche Wirkung dieser Mittel bekannt ist, kann der Einsatz nicht noch mehr gesteigert werden, sondern muss sogar reduziert werden. Zudem ist auch der Platz erschöpft, sodass es auch zu keiner Erweiterung der landwirtschaftlichen Fläche mehr kommen kann – der zweite Faktor, der die Produktivität in der Vergangenheit steigerte. Deshalb müssen sich die Menschen etwas ganz Neues überlegen, um die nächste Stufe der Produktivitätssteigerung der Landwirtschaft zu erreichen. Hierfür gibt es zwei unterschiedliche Strategien, die verfolgt werden können. Es steht die „Grüne Gentechnik" versus die Optimierung der bäuerlichen Landwirtschaft. Doch was heißt das?

Gentechnik hat einen sehr schlechten Ruf, doch können gentechnisch veränderte Pflanzen tatsächlich einen enormen Vorteil bringen. So wird ein gewünschtes Gen (DNA-Abschnitt) aus dem einen Organismus mithilfe eines Vektors in einen anderen Organismus wie z. B. Nutzpflanzen eingeschleust. So wurde z. B. ein Gen aus dem Bakterium *Bacillus thuringiensis* in Baumwolle transferiert, sodass die Pflanzen nun einen für Insekten giftigen Stoff produzieren können. Die Insekten meiden diese Pflanzen, ohne dass der Einsatz von Pflanzenschutzmitteln weiterhin nötig ist. Die Vision ist es, Nutzpflanzen zu erschaffen, die besser mit der zunehmenden Trockenheit und dem Trockenstress zurechtkommen, sowie den Stickstoff im Boden besser verwerten können. Beides hätte eine enorme Produktivitätssteigerung zur Folge. Auf der anderen Seite steht der Biolandbau. Hier möchte man die Funktionsprinzipien der Ökosysteme nutzen, um die Produktivität zu steigern. Man baut auf gesunde Böden, gesunde Pflanzen, gesunde Tiere und gesunde Menschen. Doch reicht das? Studien besagen, dass man so die Erdbevölkerung ernähren kann, jedoch müsste sich der Fleischkonsum pro Kopf halbieren. Aktuell isst jeder Mensch im Durchschnitt 37 kg Fleisch pro Jahr, jeder Deutsche sogar 60 kg.

ENERGIE

Damit auch in Zukunft bezahlbare Energie für so viele Menschen auf der Erde vorhanden ist, gibt es zwei Strategien, die verfolgt werden: Zum einen eine bessere und effizientere Nutzung der Energie ohne große Verluste, zum anderen der Ersatz der fossilen Brennstoffe durch erneuerbare Energien. Jede erzeugte Energie, sei es aus fossilen Brennstoffen oder aus erneuerbaren Energien, hat Folgen und belastet die Umwelt. Aus diesem Grund muss die Effizienzstrategie für die Zukunft weiter verfolgt werden. Bei der Umwandlung verschiedener Energieformen und bei deren Transport entstehen enorme Verluste, die unbedingt reduziert werden müssen. Eine Schwachstelle für solche Energieverluste ist die Stromerzeugung in Wärmekraftwerken. Wärmekraftwerke haben eine Effizienz von nur 39 %, modernere Anlagen kommen auf 53 %. Das bedeutet, dass nicht einmal die Hälfte der Energie, die in solchen Kraftwerken erzeugt wird, genutzt wird. Problem ist der Wärmeverlust bei der Umwandlung der Energie, die sogenannte Abwärme. Ziel muss es sein, diese in der Zukunft nutzen zu können, und genau das hat man vor. Es muss dafür ein Wärmetransportnetz geschaffen werden und große, zentrale Kraftwerke müssen durch kleinere Kraftwerke mit größerer Effizienz ersetzt werden. So könnten dann nahegelegene Haushalte die Abwärme des Werkes in Form von Nah- oder Fernwärme zum Heizen nutzen.

Ein weiterer Punkt sind sogenannte Blockheizkraftwerke. Der Strom wird hierbei nicht mehr ausschließlich vom Energieversorger bezogen, sondern durch die Installation einer Heizung mit speziellem Motor kann selbst Strom erzeugt werden. Bei solchen privaten Kleinanlagen fallen die Kosten für die Infrastruktur der Wärmeverteilung weg. Besonders lohnenswert ist das auch für das Klima, da weite Transportwege und damit verbundene Energieverluste sehr gering gehalten werden.

Auch bei dem Hausbau sollte darauf geachtet werden, energieeffizient zu bauen. In Deutschland werden für die Heizung in einer normalen Wohnung 150 kWh/m^2 verbraucht. In sogenannten Passivhäusern kann dieser Wert auf nur 15 kWh/m^2 reduziert werden. Dies erfolgt in erster Linie durch eine sehr gut gedämmte und dichte Gebäudehülle. Zudem werden die Fenster dreifach verglast. Entscheidender Punkt ist die Lüftungsanlage mit Wärmerückgewinnung, bei der es ausreicht, die zugeführte Luft zu erwärmen. Über die warme Jahreszeit reicht hier in der Regel die Wärmegewinnung durch die Sonne und verwendete Elektrogeräte aus.

ÖKOSYSTEME

Funktionierende Ökosysteme auf der Erde sind die Quelle des Lebens und auch die Quelle unseres Wohlstandes. Es ist bereits ein Großteil der Ökosysteme auf der Erde zerstört worden, umso wichtiger ist es, dass die Funktionsfähigkeit der verbliebenen

Ökosysteme erhalten bleibt. Diese müssen dem zunehmenden Nutzungsdruck der Menschheit widerstehen. Ein wichtiges Hilfsmittel ist hierbei die Ausweisung neuer Schutzgebiete. Es muss mehr Gebiete auf der Erde geben, wo der Schutz von Arten und Lebensräumen über die wirtschaftlichen Interessen gestellt wird. Besonders wichtig ist dabei vor allem, die verbliebenen funktionierenden Großlebensräume, wie zum Beispiel das Amazonasgebiet, zu schützen. Aber auch globale Hotspots der Arten müssen einen Extraschutz erfahren. Dabei spielt die Größe der Gebiete eine untergeordnete Rolle. Wichtig sind allerdings Korridore zwischen den Schutzgebieten, um eine Vernetzung untereinander zu gewährleisten. So kann es zur An- und Abwanderung von Individuen kommen, was besonders wichtig für die genetische Vielfalt der Arten ist.

Es ist noch nicht zu spät

Es ist noch nicht zu spät, um unsere Erde zu retten, und zu früh zum Aufgeben, aber die Ampel steht auf dunkelorange. Es muss etwas global passieren und zahlreiche Länder müssen sich beteiligen, um etwas zu verändern. Es muss etwas geschehen und aufgeben ist keine Option. Es geht schließlich um unsere Erde mit ihrer wunderschönen Natur, die wir ausbeuten und langsam zugrunde richten. Es muss ein Umdenken einsetzen und jeder muss verstehen, was hier auf dem Spiel steht. Die Welt wird sich früher oder später davon erholen, was wir ihr angetan haben. Ob jedoch die Menschheit dann noch Teil dieser Welt ist, weiß niemand.

Es ist noch nicht zu spät, es liegt in unserer Hand. Gemeinsam kann man so viel bewegen und gemeinsam können wir auch diese Krise meistern. Wenn uns die Zukunft unserer Kinder und deren Kindern nicht egal ist, müssen wir jetzt anfangen zu handeln. Jeder Einzelne ist gefragt. Es sind Kleinigkeiten, die wir für unsere Erde tun können, aber wir müssen dazu bereit und offen sein. Helfen Sie mit, für unseren Planeten, denn wir haben nur diesen einen.

Herstellung und Verlag:
BoD – Books on Demand, Norderstedt
ISBN: 9783734741449

© Peer Galenski 2023
1. Auflage
Kontakt: Psiana eCom UG/ Berumer Str. 44/ 26844 Jemgum
Covergestaltung: Fenna Larsson
Coverfoto: depositphotos.com